Karl Klunzinger

Artistische Beschreibung der vormaligen Cisterzienser-Abtei

Maulbronn

Vierte Auflage

Karl Klunzinger

Artistische Beschreibung der vormaligen Cisterzienser-Abtei Maulbronn
Vierte Auflage

ISBN/EAN: 9783744671224

Hergestellt in Europa, USA, Kanada, Australien, Japan

Cover: Foto ©ninafisch / pixelio.de

Weitere Bücher finden Sie auf **www.hansebooks.com**

Artistische Beschreibung

der vormaligen

Cisterzienser-Abtei Maulbronn.

Von

Karl Klunzinger,

Dr. der Philosophie, korrespondirendem Mitgliede des württembergischen Vereins für Vaterlands-
kunde, korrespondirendem Ehrenmitgliede der Sinsheimer Gesellschaft zur Erforschung der vater-
ländischen Denkmale der Vorzeit, Ehrenmitgliede des historischen Vereins für Schwaben und
Neuburg in Augsburg, des historischen Vereins der Pfalz in Speier und des historischen Vereins
für das württembergische Franken, Vorstand des Alterthumsvereins im Zabergau, ordentlichem
Mitgliede des württembergischen Alterthumsvereins u. f. w.

Mit einem Grundriß.

Vierte verbesserte Auflage.

Nach dem Tode des Verfassers bearbeitet und herausgegeben von dessen Sohne

F. B. Klunzinger,

Dr. med.

München 1861.

Druck der Dr. Wild'schen Buchdruckerei (Parcus) in München.

Vorwort zur ersten Auflage.

Die Abtei Maulbronn verdankt ihren Ursprung einem
Völkchen, welches in stiller Zurückgezogenheit von der Welt,
den Bienen gleich, sich selbst seine Zellen baute und sie mit nie
rastendem Kunstfleiß von Stufe zu Stufe erweiterte und ver=
schönerte. Daher ist sie für die Kenntniß der Ausbildungspha=
sen des kirchlichen Baustyls im Mittelalter eine treffliche Schule,
und es befindet sich bereits in den Händen der Polytechniker
dahier und in Karlsruhe eine von ihnen unter Leitung ihrer
Lehrer, von Mauch und Eisenlohr, gefertigte hübsche Samm=
lung von theils geometrischen, theils perspektivischen Zeichnungen
der einzelnen Kunstgebilde daselbst, so daß die Zeit nicht mehr
ferne sein dürfte, wo namentlich die Ansichten der Glanzparthien,
des Rebenthals, des südlichen Theils des Kreuzgangs und des
Paradieses, auch in weiteren Kreisen der Kunstwelt verbreitet
sein werden. Indessen wird der Zweck einer sichern Orientirung
wenigstens durch den beigegebenen, von meinem Sohne, hiesigem
Polytechniker, aufgenommenen und ausgefertigten Grundriß er=
reicht.

Was ich gebe, ist eine Beschreibung der noch dort vorhan=
denen oder urkundlich bekannten Denkmale theils der Architektur,

1 *

theils der bildenden und zeichnenden Künste, theils der Epigra=
graphik und Heralbik. Diese meine Mittheilungen habe ich
selbst an Ort und Stelle erhoben, zugleich das auf der königlichen
öffentlichen Bibliothek dahier vorhandene Manuscript: Monumenta
Monasterii Mulifontani collecta et delineata labore Eberh.
Frid. Jenisch, Al. Mulif. Anno 1769 und das auf der Epho=
ratsregistratur in Maulbronn vorhandene Manuscript: Geschichte
und Alterthümer, des Klosters Maulbronn, angefangen allda
während Cursus Studiorum 1735, 1736, 1737 und fortge=
setzt, verbessert und in Ordnung gebracht in Fürnsaal 1757
von M. Andreas Gottl. Hartmann, Pf. in Fürnsaal, benützt
und aus der Geschichte von Maulbronn, die ich gleichzeitig ge=
schrieben, und welche nach Umständen auch bald veröffentlicht
werden wird, manche Anhaltspunkte geschöpft.

Mögen nun diese Blätter freundliche Aufnahme finden!

Stuttgart, 26. Januar 1849.

Der Verfasser.

Vorwort zur zweiten Auflage.

Die zweite Auflage hat die besondere Bestimmung, Beglei=
terin der oben erwähnten Zeichnungen einzelner Parthien in der
vormaligen Abtei Maulbronn zu sein, welche die polytechnischen
Schüler zu Karlsruhe unter Leitung ihres Lehrers, des Herrn
Professors Friedrich Eisenlohr daselbst, aufgenommen haben,
und es erscheinen somit die Hauptansichten dieses an Kunstschätzen
so reichen Klosters zum ersten Mal in Wort und Bild. Einige
Mängel der ersten Auflage habe ich verbessert und mehrere Zu=
sätze gegeben, dagegen dem Wunsche der Verlagshandlung zufolge

die Zahl der blos nachweisenden, für den speziellen Zweck dieser zweiten Auflage nicht wesentlichen Anmerkungen vermindert.

Stuttgart, 24. Februar 1853.

Der Verfasser.

Vorwort zur dritten Auflage.

Obwohl die zweite Auflage, welche den Aufnahmen der Hauptparthien der Abtei Maulbronn durch den † Professor Eisenlohr beigegeben worden ist, sich noch nicht vergriffen hat, ist doch nun eine dritte in kleinerem Format, besonders als Führer für die Reisenden, die sich diese Kunsthallen beschauen wollen, nöthig geworden. Und an Stoff zu einer neuen Bearbeitung fehlte es nicht, denn in den letztverflossenen Jahren ist durch sorgfältige Instandsetzung der Gelasse manches Kunstwerk zugänglicher gemacht und Mehreres neu zu Tag gebracht worden. Dagegen wurde einige Jahre früher eine beklagenswerthe Restauration des Kreuzgangs und des Kapitelsaals vorgenommen, indem eine nicht unbedeutende Anzahl von zum Theil noch gut erhaltenen Grabsteinen dem Streben nach Verschönerung zum Opfer gebracht wurde. Hiezu kommt die Bezugnahme auf die neueste einschlägige Literatur, die Wiedereinreihung der in der zweiten Auflage aus besonderm Grunde weggelassenen Anmerkungen, die Beifügung einer Inhaltsanzeige und das Resultat wiederholter eigener Anschauung der dortigen Kunstschätze. So wurde denn Manches geändert und namentlich bei den Parthien des Paradieses, des Rebenthales und der Geißelkammer wesentlich verbessert.

Schließlich erlaube ich mir aus reinem Interesse für die Sache, sowie aus Pietät gegen meinen hochgeschätzten Freund Eisenlohr, dessen angeführtes, auch von W. Lübke in seinem

einläßlichen Reisebericht über Maulbronn (deutsches Kunstblatt,
rebigirt von Eggers 1855, Nr. 49) als vorzüglich bezeichnetes
Werk, der regen Theilnahme der Kunstfreunde um so mehr zu
empfehlen, als von dieser die Vollendung desselben abhängt.

Stuttgart, 21. Februar 1856.

Der Verfasser.

Vorwort zur vierten Auflage.

Als er eben zu der Bearbeitung der vierten Auflage dieser
Schrift schreiten wollte, wurde der Verfasser vom Tode ereilt.
Eine neue Auflage war aber bringend nöthig geworden, da die
frühern vergriffen, wesentliche Berichtigungen und Verbesserungen
anzubringen, die Restaurationen der neuesten Zeit zu berücksich-
tigen waren.

So habe ich den Nachlaß meines sel. Vaters zur Bearbeitung und Herausgabe übernommen, wozu ich um so eher
bereit war, als ich bei Gelegenheit der früheren Auflagen ge-
meinschaftlich mit meinem Vater die ehrwürdigen Hallen des
Klosters oftmals durchwandelt und dadurch liebgewonnen hatte,
und ich habe auch diesmal zum Zweck dieser Auflage die Räume
von Neuem durchgemustert. Für die Mittheilungen, welche mir
Herr Cameralverwalter Kind und Herr Architekt Kapf, welcher
die Restaurationen leitet, zukommen ließen, sage ich ihnen meinen
verbindlichsten Dank.

Dr. med. C. B. Klunzinger.

Erklärung der gebrauchten Zeichen.

α) bezeichnet die erste Klasse der Künstlerschrift, β) die zweite Klasse, γ) die dritte
Klasse derselben; x) das theilweise Abgegangne, o) das ganz Abgegangene oder wenigstens Unkenntliche, die Buchstaben ohne Schluß beziehen sich auf den Grundriß.

Der Geist des Cisterzienser Ordens, bestehend in dem Streben, auf rauher Bahn ein erhabenes Ziel zu erreichen, prägt sich in der ganzen Anlage unserer Abtei aus. Wie bei den Bauten der ärmsten Orden sind nicht einmal Hauptthürme vorhanden; gleichwohl sind schon die Grundbestandtheile der von zwölf später auf hundert steigenden Zahl der Mönche angemessen. Hieraus ergeben sich die einfachen Formen des romanischen Styles, als des ursprünglichen, von selbst.

Aber auch als die Schöpfungen des Ordens, die Merkmale wach= senden Wohlstandes an sich tragend, den Glanzpunkt des Uebergangsstyles erreichten und den Reichthum des germanischen Styles entfalteten, waren sie doch, mit wenigen Ausnahmen aus späterer Zeit, nie überladen und geschmacklos überfüllt. Ohne Zweifel waren es die Mönche und Laien= brüder selbst, welche die Abtei bauten, und da sie von Neuburg, einer Tochter von Lützel, herkamen, so lag wohl allen dreien derselbe Riß, welchen der heil. Bernhard für letztere selbst entworfen haben soll, zu Grunde. Die an demselben sich herausstellenden Abnormitäten sind Folge theils der Unvollkommenheit der Meßinstrumente, theils einer gewissen aus Mangel an Kontrole sich natürlich ergebenden Nachläßig= keit, wie dieß selbst bei bedeutenderen Bauten des Mittelalters sich findet. [1] Halten wir ihn mit dem zu Bebenhausen (s. Karl Klun= zinger, artistische Beschreibung der vormaligen Cisterzienser=Abtei Bebenhausen) und dem zu Altenberg (s. Sulpiz Boisserée, Denk= male der Baukunst am Niederrhein) zusammen, so stellt sich heraus, daß er der Hauptsache nach das Spiegelbild derselben ist, namentlich

---

[1] Handbuch der kirchlichen Kunst=Archäologie des deutschen Mittelalters von Heinrich Otte. 3te Auflage. 1854. S. 9.

des letzteren, [1]) so daß also die übrigen Gebäude bei der Maulbronner Abtei nördlich von der Kirche liegen (was übrigens bei noch manchen andern Klöstern der Fall ist) und daß unser Bau jenen an Größe nicht nachsteht, ja sogar an manchen Theilen sie übertrifft, wie denn z. B. der Kreuzgang hier zehn Schuh länger und das Refektorium noch einmal-so groß ist, als das in Altenberg, auch sich in letzterem keine Halle gleich der H, keine so großen Keller, kein Parleatorium und keine Weißelkammer, wie in Maulbronn, sich finden. Wir können daher folgendem Urtheile des genannten Sulpiz Boisserée a. a. O. S. 33, soweit darin eine Zurückstellung Maulbronn's hinter Altenberg liegt, nicht beipflichten: „Ich kenne bis jetzt nichts von solchen Klostergebäuden, was man denen von Altenberg gleichstellen könnte. Das Kloster Maul= bronn in Württemberg, welches ebenfalls dem Cisterzienser-Orden ange= hörte, und wo sich die ganze Gruppe von Gebäulichkeiten mit Mauern, Höfen und Wirthschafts-Anstalten noch in einem alterthümlichen Zustande erhalten hat, verdient nur in einigen Theilen mit dem in Altenberg verglichen zu werden. Indessen bietet es Manches dar, was hier fehlt, und man könnte aus diesen beiden Klöstern mit Berücksichtigung ein= zelner anderwärts noch befindlichen Reste ein in allen Stücken voll= ständiges Bild von einer Abtei aus dem Anfange des 13ten Jahrhunderts herstellen."

Die Erbauer von Maulbronn führten ihr Werk solid aus Stein aus, welches Material man in der Nähe auf der Ostseite in reichem Maße brach, und zwar verwendeten sie mit wenigen Ausnahmen zu den Ge= bäuden romanischen und frühgermanischen Styles den gelben und zu denen spätgermanischen Styles den rothen Keupersandstein.

Die Zeitfolge der Bauten betreffend, so ist sie theils nach geschichtlichen Daten, theils nach dem Style derselben, wobei freilich die Grundlage ziemlich breit sein muß, da auch ein älterer und ein jüngerer Styl gleichzeitig zur Anwendung kommen konnte, folgende:

1146—1147 Anfang des Baues der Abtei. Vor 1178 die west= liche und nördliche Umfriedigung des Kreuzganges und Gang ee. 1178 Vollendung der Kirche. 1201 Basis der Lisene aa. Um 1201

[1]) Nach Krieg von Hochfelden, Geschichte der Grafen von Eberstein, S. 243, hat auch der Grundriß von Herrenalb mit dem von Maulbronn die auf= fallendste Aehnlichkeit. Dieß erklärt sich daraus, daß Herrenalb ebenfalls eine Tochter von Neuburg war.

die westlichen Nebengebäude der Kirche. Um Anfang des 13ten Jahr=
hunderts Halle H und Keller N. 1215—1220 das Parabies A. Um
1215—1220 der südliche Theil des Kreuzganges, sowie das Rebenthal K.
Um 1303 der westliche, zwischen 1303 und 1350 der nördliche Theil
des Kreuzganges. Vor 1328 die Kapelle am Thore. Um 1350 der
östliche Theil des Kreuzganges. 1361—1376 die Ringmauer. Im
14ten Jahrhundert der Kapitelsaal D und die Kapelle y. 1424 Wölbung
des Hauptschiffes und der Seitenschiffe, Anbauung von zehn Seiten=
Kapellen. 1441 der nordwestliche Eckthurm und die Mühle. 1472
das Thörlein vor dem Kloster. 1480 Renovation der Kapelle am
Thore. 1490—1495 das Parleatorium (in P) und darüber das Ora=
torium. 1491—1518 das Neuneck v. 1493 die Wendeltreppe cc.
1497 die Thüre an einer Mauer beim Abthaus. Im 15ten Jahr=
hundert überhaupt der Dachreiter, die Sakristei, Gang E und Keller F.
1501 die Schleuße vor dem obern See. Vor 1504 Brunnen ii.
1510 Renovation des Chors. 1511 der Brunnen in der Kapelle v.
1512—1518 der Winterspeisesaal, der Erker am Abthaus, sechs Säulen
in dessen unterem Theile, das Fürstengemach und das Herrenbad.
1517 die Wendeltreppe dd. 1519—1521 der Bibliothekssaal. 1550 das
Gesindehaus.

In Absicht auf die Steinmetzeichen ist zu bemerken, daß sie,
was selten ist, [1] schon gegen Ende des 12ten Jahrhunderts vorkommen,
indem sie in großer Anzahl an den Pfeilern des Mittel= und Quer=
schiffes und den darüber gespannten Bögen sich finden.

Die Namen folgender Baumeister sind erwähnt: Prior
Walther, die Laienbrüder Rosenschöphelin und Gotschlag bauten um
1303 den westlichen Theil des Kreuzganges; der Laienbruder Berchthold [2]
wölbte 1424 das Hauptschiff und die Seitenschiffe der Kirche, und baute
zehn Kapellen an; der Laienbruder Konrad von Schmie baute 1493
die Wendeltreppe cc.; Bruder Augustin baute 1517 die Wendeltreppe dd.
Hans Romer von Schmie baute 1550 das Gesindehaus.

Von Skulpturen kommen vor:
1) in Stein: Die Epitaphien aus verschiedenen Zeiten; eine
Thierfigur als Relief um den Anfang des 13ten Jahrhunderts; mehrere

[1] Otte S. 169.
[2] Otte nennt S. 173 diesen auch, die übrigen Baumeister von Maulbronn
hat er aber noch nicht in sein Verzeichniß deutscher Baumeister aufgenommen.

Köpfe und Bilder von Meistern oder Donatoren und das Spottbild eines Mönchs um den Anfang des 14ten Jahrhunderts; ein Kruzifix von 1473; die Sage von der Ueberlistung der Räuber und die Kreuzigung Christi vom Ende des 15ten Jahrhunderts; viele Verzierungen an Kapitälen und Konsolen; ein Reliefbild des Gekreuzigten u. s. w.;

2) in Holz: Zwei und neunzig Chorstühke mit biblischen Personen, symbolischen Figuren und zwei Brustbildern; drei Chorstühle von besonders schöner Arbeit; drei und zwanzig gewöhnlichere Stühle, wahrscheinlich sämmtlich aus dem 15ten Jahrhundert.

Von Malereien:

Die Symbole der vier Evangelisten; ein Freskobild mit Engeln; ein Freskobild und zwei andere Bilder mit biblischen Personen; ein Votivgemälde und ein satyrisches Gemälde auf das Mönchswesen; die Kreuzigung Christi; die heilige Dorothea; eine heilige Person, die sich geißelt, und Verzierungen in den Feldern der meisten Gewölbe von oft glücklicher Komposition aus unbestimmter Zeit; die Wappen der Wohlthäter der Kirche um 1201 bis um 1387; ein Gemälde von 1394; der heilige Christoph (?) mit dem Christuskinde; ein Votivgemälde und die Erscheinung der Weisen von 1424; das Leiden Christi von 1432; einige Heiligenbilder von 1444 und 1447; zwei Bilder des Markus und Stephanus um dieselbe Zeit; ein Votivgemälde und die Erbauung des Klosters von 1450; ein Votivgemälde aus der Zeit des Herzogs Eberhard im Bart; die Kreuzigung Christi und der heilige Bernhard nebst dem heiligen Benedikt von 1519; ein Wappen mit der Zahl 1609.

Bemalte Skulpturen kommen vor:

1) in Stein: Die Zeichen der vier Evangelisten; Maria; ein Lamm und ein Mann; ein Lamm mit Kreuz;

2) in Holz: Die Kreuzannagelung und Grablegung Christi.

Bei den genannten Kunstdarstellungen aus der heil. Geschichte spielt Maria die Hauptrolle. Namentlich gehören die erwähnten Votivbilder hieher. Diese haben Aehnlichkeit mit einander und mit dem Titelkupfer der Schrift: Epitome fastorum Lucellensium auth. Bernardino. Ebenso ist Irmengardis, die Stifterin des Frauenklosters Lichtenthal, von demselben Orden, abgebildet, wie sie auf ihrem Grabstein liegend die von ihr gestiftete Kirche in den Händen hält, s. artistische Beilagen zum I. Heft der Schriften des Alterthumsvereins im

Großherzogthum Baden Taf. III. Hieraus erhellt, daß diese Art der Darstellung sehr beliebt war. [1]

Die genannten zwei Karikaturen des Mönchswesens sind wohl nichts anders als schlechte Witze, d. h. Ergüsse argloser Laune in der Form ungebildeten Geschmacks, und es wäre möglich, daß sie selbst von geistlichen Meistern herrührten. Als Beweise für herrschende Erzesse im Essen und Trinken bei unsern Klosterbrüdern können sie nicht gelten, da diese sich bis zum Ende des fünfzehnten Jahrhunderts durch gute Sitten auszeichneten, und namentlich das ihnen als Cisterzienfern obliegende Verbot der Fleischspeisen bis in die Mitte des fünfzehnten Jahrhunderts streng beobachteten. [2] Auch in andern Klöstern gab es solche Spottbilder und zwar noch viel stärkere und treffende, [3] und besonders die Laiensteinmetzen machten von dieser Licenz an kirchlichen Bauten den ausgedehntesten Gebrauch. [4]

Sehr beachtenswerth sind die Wandgemälde in der Kirche, schon deßwegen, weil verhältnißmäßig überhaupt wenige bei uns bekannt sind, [5] und insbesondere zeichnen sich diejenigen, welche den heil. Christoph, die Weihung der Kirche und die Erscheinung der Weisen darstellen, durch historischen Werth aus. Diese gehören der deutschgermanischen Schule an und tragen, obwohl sie durch die Zeit vielfach Noth gelitten haben, doch noch jetzt das Gepräge eines edlen, großartigen Styls. [6] Der Meister derselben ist der Laienbruder Ulrich. Abt Albrecht, der sie fertigen ließ, war früher Magister in Prag gewesen, und scheint dort seinen Kunstsinn gebildet zu haben, obwohl bekanntlich die Prager Malerschule ein Jahrhundert früher blühte und anderer Art war. In der Mitte des fünfzehnten Jahrhunderts gab

---

[1] Vergl. Griesbaber, die Grabmäler Irmengards und Rudolfs VI. S. 166.

[2] S. Klunzinger, urkundliche Geschichte der vormaligen Cisterzienser-Abtei Maulbronn S. 105 ff.

[3] Cleß, Versuch einer Landes- und Kulturgeschichte IIa. S. 465 ff. Joann. Wolfii J. C. Lectionum memorabilium tomus secundus. Lavingae 1600 S. 921.

[4] Vergl. F. Kugler, Handbuch der Kunstgeschichte, zweite Auflage, Stuttgart 1848, S. 552. Nach Otte S. 261 hatten solche Bildwerke zunächst den Sinn, den Clerus vor fleischlicher Sicherheit zu warnen.

[5] Dritter Rechenschaftsbericht des württ. Alterthumsvereins 1846—1847 S. 19.

[6] Sendschreiben von G. Grüneisen, im Schorn'schen Kunstblatt 1840, R. 96. S. 407 ff. Vergl. F. Kugler a. a. O. 628.

es mehrere Maler im Kloster, deren Namen aber nicht bekannt sind. Die übrigen Gemälde dieser Art in andern Räumen sind aus späterer Zeit und meist noch mehr verdorben.

Glasmalereien waren noch zu Anfang dieses Jahrhunderts viele vorhanden. Jetzt sind nur noch einige farbige Scheiben zu sehen. Die Namen der Meister, welche die Glocken gossen, sind: Cunrat von Fulda, vor dem fünfzehnten Jahrhundert, Conrad Gnockhammer von Nürnberg, 1440, Peter zur Glocken von Speier, 1506.

Bemerkenswerth sind auch die an einer Wand des Gelasses z ein- gerissenen mystischen Kreise. [1]

Inschriften finden sich außer der Stiftungstafel in bedeuten- der Anzahl theils an den Wänden, theils auf dem Boden, theils an den Glocken. Der Künstlerschrift nach zerfallen sie mit Einschluß auch der aus der evangelischen Zeit in drei Klassen. [2] Die erste ist eine Mischung von römischen und neugothischen Majuskeln und geht von 1201—1387, kommt aber bei Skulpturen auch noch im fünfzehn= ten Jahrhundert vor, die zweite besteht aus neugothischen Minuskeln und geht 1402—1557, die dritte besteht größtentheils aus gewöhn= licher lateinischer Schrift und geht 1493—1774. Die erste arabische Zahl findet sich 1432, von da ab kommen sie nicht selten neben den lateinischen vor. Den Inhalt betreffend, so ist die Mehrzahl derselben lateinisch. Eine Mischung von Deutsch und Lateinisch kommt um 1303 und 1431—1532 vor, die erste bloß deutsche 1450. Sie sind theils in Prosa, theils in Versen abgefaßt. In Absicht auf letztere ist im Allgemeinen auszuheben, daß sie den Pentameter ziemlich willkürlich zwischen dem Herameter einschalten, doch nie zwei nach einander, und daß sogar im Kapitelsaal Nr. 4 das umgekehrte Distichon vorkam:

Hujus amica domus ipsa fidelis erat.
Conferat aeternae Deus illi gaudia vitae.

Besondere Beachtung aber verdienen die sogenannten Iconinischen. [3]

----

[1] Vergl Otte S. 277.
[2] Vergl. a. a. O. S. 239.
[3] S. über diese Versart Jakob Grimm in der Vorrede zu den lateinischen Gedichten des zehnten und eilften Jahrhunderts, herausgegeben von ihm und An- dreas Schmeller S. XXIV. ff.

Drei derselben haben keine Jahreszahlen, aber Schrift der ersten Klasse, die übrigen gehören den Jahren 1377—1462 an. Manche klingen feierlich, z. B. die Inschrift an der großen Glocke:

Convocat hoc signum Fratres, turbatque malignum,
Ut psallant digne flagrantes pneumatis igne.

Der letzte Vers unter dem Votivgemälde an der südlichen Wand der Kirche:

Qui socient patriae nos hilares latriae.

hat Aehnlichkeit mit dem in der Stadtkirche zu Wolmirstedt auf einem Leichensteine von 1311:

Nunc fruitur patria, quam meruit latria. [1]

In dem Kapitelsaal waren Nr. 3 fünf durch den Reim des letzten Fußes unter sich verbundene Hexameter:

Ottoni, sceleratorie peccata luenti,
Cancellam regni moderans virtute potenti,
Qui vermis nunc atque cinis vocor ista legenti.
Unde pater venie veniam da te sicienti,
Me saciens, te pane fruens, in luce frequenti.

was zu den Seltenheiten gehört. [2] Man bemerke in demselben Verse die weitern Reime:

Ottoni — luenti, sceleratorie — virtute, regni — potenti, vermis — cinis, venie — te, me — te, pane — luce, saciens — fruens. [3]

Durch schönen Bau zeichnet sich das Distichon an beregtem Wand= gemälde, welches die Weihung der Kirche darstellt, aus:

Suscipe Guntheri Virgo cum Prole Maria,
Nec non Waltheri sic duo vota pia.

Wie bei dieser Versart gewöhnlich die Zahlbuchstaben als Sylben ausgesprochen werden, so findet sich dieß auch bei ō (= obiit) in dem Hexameter des 30. Epitaphiums im Kreuzgang:

Abbas Gerungus o vicena luce Novembris.

was wir sonst nirgends trafen.

Wappen finden sich ebenfalls in großer Menge theils in Stein gehauen an den Wänden und auf dem Boden, theils gemalt an erste= ren vor. Mit Ausnahme von Nr. 6 und 10 im Paradies sind sie

---

[1] S. Otte S. 244.
[2] A. a. O. S. 244.
[3] Vergl. Klunzinger, Bebenhausen S. 8 ff.

sehr einfach und ohne Helmschmuck. Sie gehen auf Schrift der ersten Klasse, die in Stein gehauenen insbesondere bis zum Jahr 1340 zurück, sind zu Ehren der Stifter und Wohlthäter des Klosters angebracht und zwar die an den Wänden in der Kirche gemalten so, daß jedes Mitglied einer Familie, das sich um dasselbe verdient gemacht hatte, auch einen eigenen Schild in der Stelle des Familienplatzes erhielt. Als Beispiel der Vereinigung des Stifts- und Familienwappens in einem quadrirten Schild mit zweimaliger Wiederholung der Insignien des Stifts und des Geschlechts dient das des Bischofs Günther in der Kirche gemalte von 1424, und das von demselben im Paradies auf Nr. 7 neben Schrift zweiter Klasse in Stein gehauene.[1] So weit diese Wappen noch erhalten sind, bieten sie für die betreffenden Geschlechter eine sicherere heraldische Grundlage dar, als manches Wappenbuch.

Beschauen wir uns nun das Einzelne:

Die westliche Vorhalle A der Kirche wird 1288 urkundlich aufgeführt, und zwar unter dem jetzt noch üblichen Namen Paradies.[2] Obwohl durch sie der Eindruck der romanischen Westfaçade[3] der Kirche geschwächt wird, so wird dieß doch durch die sie auszeichnende Bauart, Schönheit und Pracht reichlich ersetzt. Sie besteht aus drei ziemlich gleichen Kreuzgewölben im Uebergangsstyl, deren Diagonal- und Gurtbögen Halbkreise sind. Neben dem Rundbogen tritt, jedoch nur in den Oeffnungen der Nebenseiten, bereits der Spitzbogen auf. Der Säulen sind es nicht weniger als 74. Viele derselben stehen einzeln und schwingen sich schlank und kühn zwischen den Maueröffnungen empor. Alle übrigen sind in Bündeln oder mit einem Theile der Mauer verbunden und mit Ringen umgürtet, die nach Verhältniß der Traglast schwer und gebogen, oder leicht und vollkantig sind, und zwar haben die längeren Tragsäulen diese Ringe in der Mitte ihrer Schäfte, die

---

[1] Vergl. Otte S. 259.

[2] Solche Vorhallen waren gewöhnlich mit den Steinbildern der ersten Menschen ausgestattet, und zuweilen zu einer besonderen Gedächtnißfeier des Sündenfalls bestimmt. S. Otte S. 21.

[3] Die ursprüngliche Westfaçade findet sich noch zum Theil an der innern Wand eines als Holzstall benützten Raumes, wo man eine romanische Thüre und 3 romanische Fenster, sämmtlich zugemauert, und oberhalb einen kräftigen romanischen Fries sieht.

kürzeren aber, auf die zur Erhöhung der Wirkung, welche die Span=
nung machen soll, sich unverhältnißmäßig lange und schwer profilirte
Bogen stützen, unmittelbar über den vasenartigen Kapitälen. Durch
diese Säulen wird auch die reiche Gliederung der Wanddecken gebildet.
In dem Ganzen thut sich das Suchen freierer, beweglicherer Formen,
daher große Mannigfaltigkeit und Streben nach überraschenden Gegen=
sätzen kund. Bei Fr. Eisenlohr, mittelalterliche Bauwerke Nr. 1.
3. 4. finden sich mehrere Abbildungen der Vorhalle. Kallenbach,
deutsch=mittelalterliche Baukunst, gibt II. 5 die Façade derselben und
setzt ihre Erbauung 1215 — 1220. S. auch Leibnitz, Organisation
der Gewölbe im christlichen Kirchenbau Fig. 48. 57—60.

Auf dem Boden sind theils noch, theils waren in der Richtung von
Süden nach Norden folgende Epitaphien und Embleme [1]) zu sehen:
1) Wappen mit einem Kugelstabkreuz und einer Rose im obern
Winkel. 2) Wappen mit einem Lilienstabkreuz, Remchingen oder
Benningen. 3) Wappen mit zwei senkrechten, von einander abge=
kehrten Streitbeilen, Sturmfeder. 4) Wappen, das einen mit einem
Stein besetzten Ring enthält, Dürrmenz oder Enzberg oder Riefern
5) Anno Domini MCCCCCXXXII uf den VII [2]) Tag Januarij ist
gestorben der Wohlgeborne Herr Rudolph, Graff zu Helffenstein,
deß Seel ruwe im Frieden β) x). Mit Wappen, welches im Schild
und auf dem Helm einen Elephanten führt und mit einer Helmdecke
verziert ist x). 6) Wappen mit drei Ringen, Reipperg. 7) Herr
Günther, Bischoff zu Speier und Graf von Leiningen,
Stiffter biß Gotthhus, ligt in der Sanct Herren Chor begraben Des
Seel ruwe in dem Frieden β). Mit Wappen, das zwei Kreuze und
zwei Adler enthält. 8) Herr Walther, Frye von Lamersheim,
ein Mitstiffter des Gotthhus, lyt in der Bruder Chor begraben. Des
Seel ruwe in dem Friede β). Mit Wappen, welches gespalten ist und
in der Oberstelle drei Pfähle und in der Unterstelle ein leeres Feld hat.
9) Anno Domini MCCCCLXII in der Niederlag der Herren zu Secken-

---

[1]) Ueber die Wappen vergl. Mone, Oberrhein, wo fast alle nach Urkunden be=
schrieben sind.
[2]) Den Todestag geben wir nach Kerler, Geschichte der Grafen von Helfenstein,
S. 137, da er auf dem Grabstein nicht mehr lesbar ist. Crusius 2, 403 hat 1. Januar 1531.

heim starb der streng Her Jorg von der Wytenmůli. [1]) Des
Seel ruwe in dem Frieden β) x). Mit Wappen, welches einen Mühl=
stein in dem nach Rechts gelehnten Schild und einen zweiten Mühlstein
auf dem gekrönten Helm sammt Pfauenschweif darüber führt. [2]) x)

Die Ordnung von folgenden kann nicht mehr angegeben werden.
Ein Wappen mit Schwanenhals, Freudenstein o). Ein Wappen mit
einem Raben, Göler oder Menzingen oder Helmstat o). Ein
Wappen mit Adler, Iptingen? o) Ein Wappen mit einem Löwen,
der eine Krone trägt, ungeziert ist, eine Mähne, zwei Flügel und zwei
Schweife hat und einherschreitet, Vaihingen oder Erligheim o).
Ein Wappen mit fünf Scheiben, Sickingen oder Flehingen o).
Ein zweites Wappen von Lomersheim o). Ein Wappenschild o).

Durch diese Vorhalle gelangt man zur westlichen Front der Kirche B.
Diese hat hier drei Eingänge. Die beiden äußern sind nieder und ein=
fach, der mittlere oder das Hauptportal hat eine schwer gegliederte
Bogenwölbung. [3]) Ueber ihm ist ein Gemälde, das die Weihung der
Kirche an Maria darstellt. Um das Gemälde herum stand die Inschrift:

Anno Domini M. centesimo trigesimo octavo nono Kald. Aprilis
Mulibrunnum per Guntherum Spirensem construit

Fridericus Caesar.   Waltherus.

Dieselbe stimmt mit der Renovationstafel in der Kirche, s. unten,
überein, nur daß sie Kaiser Friedrich auch als Mitstifter aufführt.

Ferner war oben im Gewölbe eine Gans gemalt, an welcher
„eine Flasche, Bratwürste, Bratspieß u. s. w. hiengen, neben einer zur
nassen Andacht gar wohl componirten Fuga, folgenden Tenors, mit
ihrem unterlegten Text, gleichwohl nur den initialibus litteris":

---

[1]) Die von Weitmühl gehörten zu dem vornehmsten böhmischen Adel.

[2]) In die evangelische Zeit fallen folgende: 1) Als man zalt 1570 Jar uf den
3. Tag Junii starb der edel vnd vest Balthaffar von Egendorf, der letzte
seines Stammens, dem Gott gnädig sei. γ) x) 2) Als man zählt 1574 uf den
14. Nov. starb der edel und ehrwürdige Herr Hans Gerg von Baldersheim,
Kommendator zu Winenden, dem Gott gnädig sei. γ) x) Jenes nimmt unter den
bisher genannten die erste, diese die letzte Stelle ein.

[3]) Die schweren mit Eisen und Thierfellen beschlagenen Thüren sind merkwürdig,
kommen sonst selten vor und scheinen aus älterer Zeit herzurühren.

A. B. K. L. W. H.

(v. h. All voll, kei = ner leer, Wein her.¹)
Außerdem befand sich oben die Inschrift: β) x)
In laudem Summi Regis Triumphatoris MDXXII.

Die Kirche selbst in ihrer ursprünglichen Form hat ein Längen=, ein Quer= und zwei Nebenschiffe in romanischem Style und bildet ein römisches Kreuz. Sie ist im Lichten 212 F. rh. lang und 81 F. rh. breit, ihr ganzer innerer Flächeninhalt beträgt demnach 17,172 □ F. rh. ²) Der Schluß des Chors ist gerablinigt, wie dieß bei Cisterzienser= kirchen Regel gewesen zu sein scheint. Der lichte Raum des Chors hai dieselbe Weite wie das Mittelschiff, c. 30 F., und ist sammt dem Chor= bogen 40 F. tief. In der nördlichen Sargenmauer des Chors sind drei romanische Fenster, welche — jetzt zugemauert — nur noch von Außen in ihrer reichen Profilirung zu sehen sind. Solche Fenster mögen wohl auch an der Ost= und Südseite gewesen sein, wo jetzt je ein großes germanisches Fenster eingesetzt ist. Am Aeußeren der Ostseite sieht man noch die Ueberreste eines Rundbogens, welcher die romanischen Eckverstärkungen, die als Lisenen bis zum Hauptgesims hinauflaufen, verbindet. Die Strebepfeiler gg, welche die Lisenen sowohl, wie über= haupt die Sargenmauern am Chore und südlichen Querschiff verstärken, sind sammt den über sie gespannten Archivolten später angesetzt, und zwar nach den an ihnen angebrachten Steinmetzzeichen zu schließen, etwa in der Zeit von 1200—1215. Das Kreuzgewölbe des Chores ist noch romanisch, zeigt jedoch neben den halbkreisförmigen Diagonalgurten schon einen stumpfspitzbogigen Schildbogen.

Anlagen zu Hauptthürmen sind keine vorhanden, und der sehr schlanke und spitze Thurm auf dem Kreuzdurchschnitte der Kirche, ein sogenannter Dachreiter, gehört der germanischen Zeit an.

---

¹) Tob. Wagner, evangel. Censur der Besold'schen Motiven. S. 652.
²) Sie steht also in der Mitte zwischen der Sebaldskirche in Nürnberg und dem Dome in Soest. Vergl. Otte S. 25.

Die Schiffe waren ursprünglich nicht überwölbt, [1] sondern in Basilikenform. Die Mauern des Längeschiffes ruhen auf je zehn viereckigen Pfeilern, welche unter sich durch rundbogige und rechtwinklig eingerahmte Arkaden verbunden sind. In den Leibungen stehen an den Pfeilern Halbsäulen mit Würfelknäufen als Gurtträger. Die achteckigen Säulen gegen die beiden Seitenschiffe hin sind später angesetzt. Diese sind niederer als das Hauptschiff, auch waren sie geschlossen und nur durch obere Fenster erhellt. 1424 wurde das südliche Seitenschiff durchbrochen und eine Reihe von zehn niedrigen Kapellen in germanischem Style angebaut, deren südliche Umfassungsmauer jedoch, dem Style der Fenster nach zu schließen, in ihrem jetzigen Zustande aus einer spätern Zeit herrührt. Zu derselben Zeit wurden auch das Hauptschiff und die Seitenschiffe überwölbt, wobei die Strebebögen über den Dächern der Seitenschiffe entstanden. In jedem Querschiffe [2] sind unten drei niedrige Kapellen, welche, sowie der Gang davor, durch Kreuzgewölbe mit Diagonalrippen bedeckt sind. Südwestlich ist eine steinerne Wendeltreppe. Eine Abbildung dieser Parthie gibt Leibnitz, die Organisation der Gewölbe Fig. 47. Ueber den Querschiffen ist ein größerer hoher Raum, welcher in dem nördlichen Theile später zum Bibliotheksaal, früher aber wahrscheinlich zur Schatzkammer eingerichtet war, der südliche Theil ist nicht vollendet worden. [3]

An dem südlichen Theil des Querschiffes war ein erst kürzlich abgebrochener gewölbter germanischer Anbau, der ohne Zweifel zur Sakristei, Treschkammer (= Tresekammer von tresor) genannt, diente.

Eine besondere Zierde des Aeußeren der Kirche sind der romanische

---

[1] Otte, S. 82, irrt sich, wenn er sagt, nur die Seitenschiffe seien ursprünglich überwölbt gewesen.

[2] In dem obern Raume des südlichen Querschiffes sieht man noch die Spur einer Kugel von der Belagerung durch Herzog Ulrich her. Sie fuhr durch einen Fensterladen, welcher jetzt noch das dadurch verursachte Loch hat, so daß man mit Sicherheit darnach den Platz bestimmen kann, wo das betreffende Geschütz stand. Auch findet sich die Spur einer solchen außen am Thore und an einem Pfeiler in der Kirche, welche ohne Zweifel durch das Chorfenster hereinfuhr; ferner 2 Spuren am Thore außen und auf der südwestlichen Ecke der Kirche.

[3] Vergl. von Mauch S. 15.

Fries, welcher sie umgibt, und die Reihen der schlanken Fialen auf den Seitenschiffen. [1]) Anlangend die innere Einrichtung und Ausschmückung der Kirche, so theilt eine steinerne Wand, Lettner a. romanischen Styls, [2]) dieselbe in zwei Hälften, wovon die östliche Herrenchor und die ganze westliche, wie es scheint, Bruderchor genannt wurde. Ersterer hat wieder einen obern Theil, Chor im engern Sinn und einen unteren Theil. Oben an den Deckenfeldern jenes Chors im engern Sinn sind in der Richtung der vier Himmelsgegenden die Sinn= bilder der vier Evangelisten, Adler (Johannes), Engel (Matthäus), Stier (Lucas) und Löwe (Marcus) gemalt. Bei Johannes kann man noch lesen: β) In principio erat verbum, bei Lucas: In diebus Herodis regis. Am Schlußstein ist Maria mit goldener Krone und das Christuskind, beide auf goldenem Strahlengrunde gemalt. Ferner ist daselbst zwei Stufen höher der Hochaltar b, worauf in Holz geschnitzte Figuren meist mit abgelöster Vergoldung sich befinden, darstellend Maria mit dem Christuskind und zu ihrer Rechten die Kreuzannagelung mit siebzehn, zu ihrer Linken die Grablegung mit sechszehn Personen. Maria ragt durch ihre doppelte Größe vor den übrigen Figuren hervor. [3]) Vermuthlich gehörte diese ganze Gruppe in die Predella des ehemaligen Hochaltarschreins. Auch war an diesem Hochaltare ein Gemälde, o) welches 1394 von Bischof Ludwig von Abalo in Burgund eingeweiht wurde. [4]) In den Umfangsmauern sind kleine Nischen aus germanischer Zeit, welche wohl zum Kult dien= ten, und an den Fenstern sind noch einige farbige Scheiben zu sehen.

An dem Gurtbogen, welcher zwischen diesem Theil des Herren= chors und dem unteren ist, ist die Inschrift: γ)

Anno Domini MDX tempore Domini Michaelis Scholl Abbatis renovatum.

---

[1]) Die Verwandlung der Rosette am Giebel der Westfaçade der Kirche in eine Uhrtafel ist ein unglücklicher Gedanke.

[2]) Derselbe ist durch einen Aufsatz verunstaltet, dessen Hinwegräumung sehr ver= dienstlich wäre. — Chorbühnen in diesem Style haben sich sehr selten erhalten. Otte Seite 13.

[3]) Die Verstümmelung sämmtlicher Bilder, namentlich die Abhauung der Na= sen wird den Schweden zugeschrieben.

[4]) S. Klunzinger, Geschichte der Abtei Maulbronn, Regesten S. 44.

An dem südlichen Pfeiler c des Chorbogens ist der heil. Christoph mit dem Christuskind auf der Schulter sehr groß gemalt und unten das Flachbild des Bischofs Günther von Speyer in Stein gehauen mit der Inschrift: α)

Guntherus Spirensis Episcopus Fundatur hujus domus.

Vor ihm liegt sein Grabstein mit der auf einem Kreuz befindlichen Inschrift: β) x)

Praesul Guntherus Pater est fundaminis hujus.

An dem nördlichen Pfeiler d ist unten das Flachbild des Bischofs Ulrich von Speyer [1]), auch in Stein gehauen mit der Inschrift: α)

Ulricus positus Spirensis Episcopus hic est.

Vor ihm liegt ebenfalls sein Grabstein mit einer auf einem Kreuze befindlichen, aber gleichlautenden Inschrift: β)

Nach der gegebenen Bezeichnung der Schrift sind die beiden stehenden Grabsteine älter als die beiden liegenden, aber auch jene sind nicht die ursprünglichen, denn die krummen Bischofsstäbe an ihnen deuten auf eine spätere Zeit [2]) und namentlich die Verzierungen an den Bildern etwa auf den Anfang des vierzehnten Jahrhunderts, von den ursprünglichen selbst jedoch ist keine Spur mehr vorhanden.

Ueber den Kreuzdurchschnitten der Kirche ist an der südlichen Wand ein Gemälde, darstellend wie Bischof Günther von Speyer und Ritter Walther von Lomersheim die von ihnen gestiftete Kirche [3]) in den Händen halten und der Maria und dem Christuskinde mit den Worten β) x) darbringen:

Suscipe Guntheri Virgo cum Prole Maria,
Nec non Waltheri, sic duo vota, pia.

Seitwärts sind noch weitere drei Figuren, von denen eine ein Kleid (des Walther), eine andere einen Krummstab (des Günther) hält. Unter den beiden Stiftern sind ihre Wappen. Das des Günther führt einen mit Silber durchkreuzten Schild, welcher im ersten und vierten

---

[1]) Die Gewandung Günthers ist viel reicher als die Ulrichs.

[2]) Vergl. Otte S. 267.

[3]) Sie ist aber nicht in ihrer ursprünglichen Gestalt abgebildet, da an ihr ein erst später eingesetztes Chorfenster und der Dachreiter sammt dem westlichen Glockenthürmchen, so wie zwei schlanke viereckige Thürme mit spitzen Dächern rechts und links vom Portal, die nie zur Ausführung kamen, sichtbar sind.

Viertel ein silbernes Kreuz in blauem Felde und im zweiten und dritten Viertel einen goldenen Doppeladler, gleichfalls in blauem Felde, ent= hält ¹). x) Das des Walther ist gespalten und hat in der Oberstelle drei rothe Pfähle in goldenem Felde und in der Unterstelle ein blaues Feld. x) Unter diesem Gemälde stehen folgende Verse: ²) β)

Anno milleno, centeno, bis minus uno
Sub Patre Roberto coepit Cistertius ordo
Spirae Guntherus post haec Praesul venerandus,
Lyningen celebri de comitum genere, ³)
Ipseque Waltherus de Lomersheim bene natus,
Quippe Virum genuit liber uterque parens,
Qui seclo valedans, sub Diethero monachizans,
Fiens Conversus se tribuitque sua,
Anno milleno C semel duodequadrageno,
April ter ternis hunc fundavere Kalendis
Terrestrem Maulbrunn, ⁴) hinc celestem Paradisum
Possideant. Domino gratificante pio.
Denique milleno, tetra C, duo X, quater uno
Patre sub Alberto pingitur hic paries,
Per quem testudo praecelsior et laterales
Sunt quoque perfecte taliter ecclesie.
Conversis operis Berchtold, Ulrichque magistris,
Alter depictat, sed prior edificat,
Virginis ad laudem Matris Prolisque perennem,
Qui socient patriae nos hilares latriae. ⁵)

Rechts oben unter der hölzernen Bedachung steht: β) Dietherus abbas primus loci hujus.

---

¹) Das Kreuz führte er als Bischof von Speyer, vergl. Fren, Beschreibung des baverischen Rheinkreises II, 110, den Adler als Graf von Leiningen, vergleiche a. a. O. S. 481, s. jedoch die zweit' nächste Anmerkung.

²) Wir wollen diese Beschreibung Renovationstafel nennen.

³) Er war aber ein Graf von Henneberg. Remling, Geschichte der Bischöfe zu Speyer I, 380.

⁴) Hier ist die Stiftung der Abtei zu Eckenweiher, welche am 24. April 1138 statt hatte, mit der zu Maulbronn, welche wie bemerkt, 1146—1147 geschah, verschmolzen.

⁵) D. h., welche uns wonnevoll dem Dienste des (wahren) Vaterlandes zuge= sellen mögen.

An der nördlichen Wand ist wieder Maria mit dem Jesuskinde gemalt und vor ihr die drei Weisen aus Morgenland. Der eine kniet vor dem Christuskinde, küßt seine Füße und hat neben sich ein Schatzkästchen stehen, der zweite hält einen Szepter und ist im Begriffe auch zu knien, der dritte läßt sich von einem Diener Kostbarkeiten aus einem Weihrauchgefäße geben. Im Hintergrunde ist ein zweiter Diener, welcher die drei Pferde der Weisen hält. Ferner sind daselbst zwei Kameele, von denen das eine auf dem Boden frißt, das andere den Kopf in die Höhe hält. Hinter der Maria sieht man Rindvieh an der Krippe.

Unter dem Gemälde steht: β) x)

Solem stella parit, aurora diem, petra fontem,
Patrem nata Deum, femina virgo virum.
Illius imperium reges venerantur, adorant,
Stupent et dotant tale puerperium.
Duxit stella pios Christi nascentis ad ortum
Tres super apparens ex oriente magos.
Melchior anterior, post Balthasar, hinc quoque Caspar
Aurum, thus, mirram. tres tria dona ferunt.
Mortuus in mirra Christus signatur, in auro
Rex, in thure Deus, sunt tria forma trium
Dat mirram, qui se macerat, thus quilibet orans
Cum lacrimis, aurum, qui sapienter agit.

Zwischen diesen Versen sind die drei Wappen der Weisen gemalt mit der Inschrift: β) x)

His clarent trinis insignia regia formis.

Auf dem ersten ist ein Stern und eine goldene Mondsichel auf schwarzem Grunde, auf dem zweiten sind neun goldene Sterne [1]) auf blauem Grunde und auf dem dritten ist ein laufender Mohr, welcher in der rechten eine rothe Fahne und in der Linken auch etwas Rothes hält, auf goldenem Grunde. Das erste ist das Wappen des Caspar, das zweite das des Balthasar, das dritte das des Melchior.

Von diesen Bildern aus ziehen sich über den Arkaden des Hauptschiffes hin je zwei Reihen gemalter Wappen; diese sind:

---

[1]) Hans Ingeram, Knecht und Persevant der Gesellschaft zum Esel, hat in seinem gemalten Wappenbuche von 1459 diese Wappen auch, aber auf dem ersten keinen Stern und auf dem zweiten nur sieben Sterne.

I. Auf der Südseite in der Richtung von Ost nach West:
1) Fünf Schilde, jeder mit einer Rose in schwarzem (rothem) Felde,
welche goldene Blätter und Blau in der Mitte hat, Roßwag. 2) Zwei
unkenntliche. 3) Vier Schilde, wovon jeder einen goldenen mit einem
Rubin besetzten Ring auf Blau enthält, darüber steht Dur-
menz. [1]) 4) Zwei Schilde, jeder mit einem sitzenden silbernen Bracken
in rothem Felde, Brackenheim. 5) Zwei Schilde mit einem Widder-
topfe. 6) Drei Schilde, jeder mit zwei halbkreisförmigen, abwechselnd
silbernen und rothen, von einander abgekehrten Bändern in blauem
Felde, über welchen zweimal Küngespach steht. 7) Zwei silberne
Widderhörner auf schwarzem Grunde. 8) Fünf Schilde, jeder mit rechts
durchschnittenem, in der Oberstelle goldenem, in der Unterstelle schwarzem
Felde, darüber steht Brm. b. = Bramburg. 9) Zwei Schilde, jeder
mit einem aufrechten silbernen Krummhorn in schwarzem Felde, darüber
steht Zutern. 10) Zwei Schilde, jeder mit einer Lilie. 11) Zwei
Schilde, jeder mit zwei sich kreuzenden silbernen Lilienstäben auf rothem
Felde, darüber steht Remchingen. [2])

II. Auf der Nordseite von West nach Ost: 1) Ein Schild mit
schwarzem Adler auf Gold, Jptingen? 2) Ein Schild mit drei gelben Schildlein, wovon jedes mit einem schwarzen Querbalken besetzt
ist. 3) Zwei Schilde, wovon jeder in schwarzem Felde einen silbernen
rechten Zwerchbalken führt, welcher mit drei Paar von einander abgekehrten rothen Halbmonden besetzt ist, darüber steht Stogsberg.
4) Ein Schild mit goldenem Felde, worauf je ein kleiner silberner
Schild mit schwarzer Einfassung sich befindet, darüber steht Brethain.
5) Ein Schild mit schwarzen Querbalken in silbernem Felde, darüber
steht Wiffenstain. 6) Unkenntlich. 7) Ein Schild mit einer Raute
in goldenem Felde, darüber steht Glattbach. 8) Zwei Schilde, jeder
mit fünf runden silbernen Scheiben auf schwarzem Felde, Sickingen
oder Flehingen. [3]) 9) Drei unkenntliche Schilder. 10) Drei Schilde,

---

[1]) Nach Jngeram ist das Enzbergische und nach Gabelkover auch das Nie-
vernsche diesem gleich.
[2]) Nach Jngeram hat Benningen zwei rothe Lilienstäbe auf silbernem Felde.
[3]) Nach Jngeram hatte Sickingen über dem blauangelaufenen Helme einen
goldenen Schwanenhals mit drei schwarzen Büschen auf rothen Kugeln, Flehingen
aber über dem goldenen Helme einen Wolf, aus dessen Rachen ein Widderskopf her-
vorragte. Remling, Gesch. d. Bischöfe zu Speyer, sagt I. 681, Anm. 1864: Das

jeder mit drei silbernen Ringen in rothem Felde, Neipperg. 11) Zwei Schilde, jeder mit zwei senkrechten von einander abgekehrten goldenen Streitbeilen in blauem Felde, Sturmfeder. 12) Zwei Schilde, jeder mit einem goldenen Schwanenhals in rothem Felde, Freudenstein. 13) Drei unkenntliche Schilde. 14) Zwei Schilde mit drei silbernen Sparren in blauem Felde, Ubstat. 15) Zwei Schilde, jeder mit drei blauen Querbalken in goldenem Felde, Gemmingen [1]). 16) Ein unkenntlicher Schild. 17) Zwei Schilde, jeder mit zwei senkrechten von einander abgekehrten Halbmonden in rothem Felde, Magenheim. 18) Zwei unkenntliche Schilde. Sämmtliche beigeschriebene Namen haben Schrift. α)

Mehrere von den angeführten jetzt unkenntlichen waren aber zu Gabelkovers Zeit [2]) noch kenntlich, und derselbe macht, Miscellanea I. 389 ff., noch weiter folgende namhaft: 1) Das Wappen der Göler von Ravensburg [3]). 2) Das Wappen der von Sachsenheim, bestehend in einem Schilde, der einen silbernen Widderskopf mit zwei Hörnern in rothem Felde enthält. 3) Das Wappen der von Neuffen, bestehend in einem Schild mit drei Jagdhörnern [4]). 4) Das Wappen der Grafen von Vaihingen, bestehend in einem Schilde, der einen rothen Löwen in goldenem Felde mit blauer Krone und auf einer Mauer stehend enthält. 5) Das Wappen der von Dalhaim [5]). 6) Das Wappen der von Helfenberg, welches wie das der von

---

Eißinger Wappen ist ein schwarzer Schild mit fünf weißen Ballen; die Helmzierde ist ein gelber Schwanenhals.

[1]) Nach Remling ebendaselbst führt das Gemminger Wappen im Schilde drei blaue und zwei gelbe Bänder, die Helmzierde bilden zwei Büffelhörner von denselben Farben.

[2]) Württembergischer Leibarzt und Historiograph, † 1616.

[3]) Sie führten nach Ingeram einen schwarzen Raben auf silbernem Felde im Schilde, ebenso die von Menzingen und Helmstadt. Dagegen unterschieden sich diese drei Geschlechter durch die Helmzier. Bei den Gölern findet sich ein Rabenhals und an demselben fünf goldene Federbüsche mit rothen Quasten, bei den von Menzingen ein Schlangenhals mit einem schwarzen und einem goldenen Flügel und bei den von Helmstadt ein silbernes und schwarzes Horn.

[4]) Sie führten dieß Zeichen als Jägermeister.

[5]) Remling bemerkt am angeführten Orte: Das Dalheimer Wappen ist ein Schild von schwarzem Fuße und silbernem Haupte, in welchem eine rothe Brücke; die Helmzierde sind zwei schwarzweiße Büffelhörner.

Sturmfeder ist, aber Silber im schwarzen Felde hat. 7) Das Wappen der von Neipperg zum zweitenmal, aber nur mit zwei silbernen Ringen und einem silbernen Kopfe [1]) in rothem Felde. 8) Das Wappen der von Sternenfels.

Im untern Theile des Herrenchors sind zwei und neunzig Chorstühle e von Eichenholz in zwei Doppelreihen [2]) mit folgenden Skulpturen: Gegen Osten die Trunkenheit Noahs, der Tanz Davids vor der Bundeslade, das Opfer Kains, der Stammbaum Jesu aus der Brust Jesses aufsteigend, [3]) auch läßt sich noch das Bild eines Bischofs und eines Mönchs erkennen. Im westlichen Theile findet sich dargestellt ein Einhorn auf dem Schooße der Maria, [4]) Moses am feurigen Busch, die Aufopferung Isaaks, der Kampf Simsons mit dem Löwen. Oben und unten sind je zwei Männer, wovon einer durch dreifache Krone als Papst bezeichnet ist. Auf den erhabensten Punkten sind ferner die Brustbilder zweier Männer mit Bärten und Mützen angebracht, welche zu Inschriften bestimmte Bänder halten, die aber fehlen und wahrscheinlich entweder die Porträte der Meister oder die der Donatoren sind. Außer diesen Figuren sieht man Drachen, verschlungenes Laubwerk und andere Zierrathen. Die Arbeit ist zwar auch muthwillig verdorben, erscheint aber immer noch reich und zumeist gelungen. [5]) Dem Style nach gehört sie in's fünfzehnte Jahrhundert.

Hinter diesen Chorstühlen sind im südlichen Seitenschiff Rahmen von abgegangenen Bildern, welche wahrscheinlich zu den im Jahre 1408 errichteten Seitenaltären, s. unten, gehörten. Nach dem

---

[1]) Jenisch gibt dieses Wappen auch, hat aber statt eines Kopfes einen Kelch, welcher, wie es scheint, den Eintritt in den geistlichen Stand bezeichnete, während die zwei Ringe das Geschlecht nachwiesen. Eine ähnliche Veränderung nahm nach Obigem Bischof Günther mit seinem Wappen vor.

[2]) Man sieht an ihnen zum Theil noch tiefe Fußstapfen der Mönche.

[3]) Mit Beziehung auf Jesaias 11, 1, vergl. Otte S. 310.

[4]) Mit Beziehung auf Luc. 1, 69, wo Zacharias sagt: „Und hat uns aufgerichtet ein Horn des Heils," indem dort von der Empfängniß der Maria die Rede ist, vergl. Otte S. 279, oder überhaupt auf die Sage, daß das Einhorn sich von einer reinen Jungfrau fangen und gängeln lasse, vergl. Pierer, Universal-Lexicon s. v. Einhorn. — Daß das Einhorn der Maria und der Löwe des Simson sich gegenüber stehen, scheint nicht zufällig zu sein.

[5]) Vergl. H. Frhr. v. Aufseß, Anzeiger für Kunde des deutschen Mittelalters. 1833, S. 248.

noch dafelbft vorhandenen Verzeichniß derfelben aus fpäterer Zeit mit
d e u t f ch e r S ch r i f t waren es drei Gruppen, wovon die erfte dar=
ftellte S. Agatha, S. Johannes, S. Niclaufen des Bifchofs Legend,
S. Paulus den Märtyrer und S. Clemens, beede unter Kaifer Julian
enthauptet; die zweite S. Chriftophorus, S. Veit, S. Bafilides, S.
Ciriacus, S. Nabor, S. Wenzeslaus Herzog in Böhmen, S. Nereus,
S. Achilles, S. Nabor, S. Simon, S. Panagratius, S. Judas, S.
Martha, S. Brigitha, S. Urfula, S. Catharina, S. Barbara und S.
Clara; die dritte S. Elifabetha Landgrauen in Thüringen, geborne
Königen in Ungarn pfleget den armen Kranken ao 1200, S. Otilia,
S. Agatha, S. Juliana, S. Barbara, S. Dorothea, S. Theophilus,
S. Catharina, S. Anaftafia. Von der erften Gruppe ift in einem
Rahmen noch Chriftus am Kreuze fichtbar, fie hat jetzt die Jn f ch r i f t: γ)
Martyrologii veteris picturae antiquae. An der zweiten las Jenifch
noch die Jahreszahl 1444, fie hat jetzt die Jn f ch r i f t: γ) Simplici-
tatis monumenta. An der dritten ft e h t noch 1444 mit Zahlen aus
jener Zeit über einem Gemälde, worauf ebenfalls noch Chriftus
am Kreuz zu fehen ift, fie hat jetzt die Jn f ch r i f t: γ) Non cultus
gratia huc posita. [1]) Links davon ift noch e i n B i l d a u f H o l z
gemalt, welches darftellt auf der einen Seite ein Kaftell mit Thurm,
auf der andern ein folches ohne Thurm, eine Bafilike umfchließend.
Darunter ift gefchrieben St. Wendel und im Vordergrund find Schafe,
auch ft e h t dabei 1447 mit Zahlen aus jener Zeit.

Der oben fchon erwähnte L e t t n e r a war urfprünglich bis in
das nördliche Seitenfchiff fortgefetzt, dort aber nur etwa vier Fuß hoch
gemauert, indem in diefer Höhe ein romanifcher Halbkreisfries fich
befindet. Auf diefe Mauer wurde nachher in fpätgermanifchem Style
ein abfichtlich unvollendet gelaffener Auffatz gemacht. Daneben ift ein
P o r t a l f von derfelben Zeit, an welchem ein Arm mit einer fchwö=
renden Hand [2]) angebracht ift, um den fich ein Strick als Zeichen der

---

[1]) Wahrfcheinlich rührt diefes ganze Verzeichniß fammt den Jnfchriften von einem
evangelifchen Prälaten her, welcher zwar diefe Kunftwerke als folche fchätzte, fich aber
vor dem Verdacht des Kryptokatholicismus forgfältig verwahrte.

[2]) Unter diefer Skulptur ift ein fchildförmiges Feld, worin ein Kreuz, und in
deffen vier Winkeln ein Hammer, Nägel, eine Zange, Griffel und drei Würfel find,
was die Kreuzigung Chrifti bezeichnet, vergl. Otte S. 281, und mit Obigem in
gar keiner Verbindung fteht.

Verpflichtung schlingt. Auf der Rückseite ist eine Console g, worauf
ein listig lächelnder Mönch und ein wildes plumpes Thier sich be=
findet. Neben dieser steht man eine Console h mit einem ebenfalls in
Stein gehauenem Brustbilde eines Mannes ohne Tonsur mit edlen
Gesichtszügen, wahrscheinlich dem des Baumeisters oder Donators, so
daß diese drei Bilder interessante Gegensätze bilden. Diese Parthie
stellt nämlich die Sage von der Ueberlistung der Räuber beim Bau
der Abtei durch das Versprechen der Mönche, sie nicht auszubauen, dar,
und fällt dem Style nach in das Ende des 15. Jahrhunderts. Zu
beiden Seiten des Baldachins sind zwei vielfach gegliederte niedere Portale
im Rundbogen und nach Außen davon zwei Nischen, in deren einer
das oben genannte Gemälde.

Vor dem Lettner gegen Westen befinden sich in der Mitte drei
Chorstühle i von sehr schöner und noch reicherer Arbeit als die oben
genannten, ebenfalls aus Eichenholz und dem Style nach dem 15. Jahr=
hundert angehörig, über deren Baldachinen eine durchbrochene Begrenz=
ung war, von der nur noch wenige Ueberreste vorhanden sind. Diese
Chorstühle standen ohne Zweifel ursprünglich im obern Chore. Eine
Abbildung derselben mit Ergänzung des Fehlenden, von C. Beis=
barth in Stuttgart gefertigt, findet sich in dem achten Jahresheste
des württembergischen Alterthumsvereines. Innen unter den genannten
Baldachinen sind auf verschlungenen Bändern die Inschriften:
a) Quis iste est rex glorie? Ego sum, qui sum. Vere Deus ab-
sconditus. An der verzierten Brüstung derselben steht ebenfalls auf
verschlungenen Bändern: α) Vinea Domini Sabaoth. Flores virtu-
tum carpite o sacra concio! Ferner ist in einer Nische des Lettners
ein Gemälde, darstellend die heilige Dorothea mit einem Blumen=
korbe in der einen und Blumen in der andern Hand, vor ihr ist das
Jesuskind, bittend zu ihr aufblickend.

Vor diesen Chorstühlen steht ein 12 Fuß hohes Crucifix k aus
Einem Keupersandstein mit der Jahreszahl 1473 und den Buchstaben
C. V. S. Der nur wenig über die beiden Arme des Kreuzes hervor-
ragende Stamm [1]) ist dem Holze sehr ähnlich, und das Antlitz Christi
hat viel Ausdruck, doch ist das Haupt nach damaliger Sitte unverhält=
nißmäßig groß [2]).

[1]) Der Titulus I. N. R. I. fehlt, was sonst nicht der Fall ist, s. Otte S. 306.
[2]) Eine an dem Lettner im Seitenschiff liegende Platte mag vielleicht zur Ded=

Vor dem Altar ist das Grabmahl Walthers von Lomers=
heim mit der Inschrift: β)

Hir lit Bruder Walther ein Frhr von Lammersheim, der erste
Anfahn und Stifter diser geistlichen Sammennnge. Des Seele ru
im Friden.

Dabei ist sein Wappen wie das im Paradies und ein Kreuz.

Im nördlichen Seitenschiffe sieht man an der letzten Console gegen
Westen ein Brustbild mit Tonsur, und an einer andern daneben
die Bilder zweier Männer ohne Tonsur mit großen Köpfen und Ar=
men und kleinen Füßen in kauernder Stellung, wobei man an die
Baumeister oder die Donatoren dieses Theils der Kirche zu denken
hat. Ferner befinden sich in demselben Seitenschiffe drei und zwan=
zig Stühle l mit Schnitzwerk und an den zwei einander gegenüber
stehenden Pfeilern m des Hauptschiffes sind Baldachine für
Altäre ¹) angebracht, auf deren einem nördlichen, der heiligen Anna
gewidmeten, die Gremp'schen und Gaißberg'schen Wappen sind, und die
Inschrift: β)

Conradus Gremper civis de Vaihingen. 1501. Später wurde
darauf ein hölzerner Aufsatz, wie es scheint, behufs einer kleinen Orgel
gesetzt, da dieser Platz das kleine Oergelein genannt wurde.

An dem Bogen des östlichen Einganges in das südliche Seiten=
schiff ist eine sehr schadhafte Uhrtafel mit einer Umschrift, von der
noch die Worte: Dominicae incarnationis zu lesen sind. Ferner ist
in diesem Schiffe am Gewölbe der Kapelle n ein Freskogemälde
auf blauem Grunde zu sehen, darstellend das Gebet in Gethsemane mit
Engeln in sitzender und knieender Stellung, welche Handorgel, Trom=
mel, Laute und Posaunen halten. An der Kapelle o sind zwei gute

platte seines Postamentes gehört haben, denn die Größe und Profilirung und das
Loch im Stein behufs der Einsetzung des Kreuzstammes können diese Ansicht hervor=
rufen. Es könnte dieß aber auch eine Altarplatte sein, dessen Loch zur Aufbewahr=
ung der Heiligthümer diente. Gewöhnlich wird behauptet, dieß sei der Stein, wel=
chen die Mönche den Räubern gezeigt haben zum Beweis, daß das Kloster noch nicht
ausgebaut sei.

¹) Die gewöhnliche Meinung, daß es bei dem im Jahre 1564 im Kloster gehalte=
nen Religionsgespräch Kontroverskanzeln gewesen seien, ist um so weniger gegründet,
als dasselbe 10.—15. April, also wahrscheinlich wegen der rauhen Witterung gar
nicht in der Kirche gehalten wurde.

Bilder des Markus und Stephanus, deren Namen dabei stehen und welche mit obigen Bildern hinter den Chorstühlen Aehnlichkeit haben, und in den Schlußstein ist das bemalte Bild der Maria mit den Worten: Ave Maria β) eingehauen. Endlich befindet sich in der Kapelle p ein Freskogemälde, worauf Christus am Kreuze mit der Jungfrau Maria und einigen andern Personen aus der heil. Geschichte abgebildet ist. An den Consolen all' dieser Kapellen sind stylisirte Pflanzen, allerlei Thiere, z. B. Eulen, Krebse, Drachen, theils bizarre menschliche Gestalten in den verschiedensten Stellungen, zum Theil bemalt, angebracht. Ihre Decken sind mit Blumen, verschlungenen Linien, Sternen u. dgl. bemalt.

In dem oben genannten Thurme sind drei Glocken. Die kleinste ist die älteste. Sie hat schöne Schrift, α) welche also lautet:

Cunrat Fuldensis nos fecit, Virgo perennis
Signa tue laudis audis, nec viscera claudis.
Johannes, Lucas, Marcus, Matheus, Adonay.

Die größte hatte die Inschrift:

Convocat hoc signum fratres, turbatque malignum,
Ut psallant digne flagrantes pneumatis igne.
Ave Maria gratia plena.
Annis millenis [1]) quadragenis
In Nurnberg fusum, Mulebrun sibi vindicat usum.
Magister Conradus Gnockhammer me fudit.
Abbas Johannes de Wormacia.

J. N. R. J. Sanctus Stephanus. Sanctus Nicolaus. Sanctus Lorencius. Sanctus Bernhardus.

Unter den Namen dieser Heiligen waren ihre Bilder. Christus selbst war am Kreuz dargestellt, neben ihm Maria und Johannes. [2])

Die mittlere Glocke hatte die Inschrift:

Die Vesperglock heiß ich
Peter zur Glocken zu Spier goß mich.
Anno Dni MCCCCCVI Jahr. [3])

---

[1]) Hier fehlt offenbar centum quatuor.

[2]) 1832 wurde sie, weil sie zersprungen war, von Neubert in Ludwigsburg umgegossen, und darauf der Vers aus Schillers Lied von der Glocke gesetzt: Nur ewigen und ernsten Dingen u. s. f.

[3]) 1804 wurde auch sie von Neubert umgegossen, wie die jetzige Inschrift anzeigt.

Sie wurde also unter Abt Michael Scholl gegossen. Alle übrigen Gegenstände in der Kirche sind aus der evangelischen Zeit. [1]

[1] Die Kanzel hat die Jahreszahl 1560, dabei ist eine Maske, welche das Wahrzeichen sein soll und ein Prälatenstab mit dem Buchstaben W, wahrscheinlich den Prälaten Wanner als Stifter bezeichnend. An dem Schalldeckel, der später ist, und Rococostyl hat, steht Rom. 10. Fides est ex auditu, auditus autem per verbum Dei. (Derselbe Spruch steht deutsch an dem im Jahre 1605 gefertigten Deckel der Kanzel in der Stiftskirche zu Stuttgart.) Die Orgel hatte die Jahreszahl 1612 und die Inschrift: γ) Heilig, heilig ist der Herr Zebaoth, alle Lande sind seiner Ehre voll. Jetzt ist eine moderne Orgel in der Kirche. Die unter der Orgel angebrachte Empore hindert den Eindruck beim ersten Schritt in die Kirche vom Hauptportale aus. Weißlich war daher früher nur ein Orgelein seitwärts angebracht. Im Hauptschiffe sind die Epitaphien folgender Prälaten und zwar auf der Nordseite: 1. Joh. Zeller, † am 3. Tag nach Jacobi 1694. 2. Johann Melchior Nicolai, † 24. Sept. 1675, dessen Grabmal eine Sculpturarbeit in Rococo hat, welche die eherne Schlange in der Wüste und Christus am Kreuz als Gegenbild zur Anschauung bringt. 3. Joseph Schlotterbeck, † 21. Mai 1669. 4. Joh. Abam Leberer, † 28. Juni 1774. Auf der Südseite: 1. Joh. Ulrich Bauder, † 24. Sept. 1681. 2. Joh. Valentin Harprecht, † 20. Juni 1761, mit seiner Frau, geb. Hochstetter. 3. Augustin Hochstetter, † 15. Sept. 1748. Im südlichen Seitenschiff und in den Kapellen sind in der Richtung von Osten nach Westen die Epitaphien folgender Personen: 1. Klosterpräzeptor David Krafft, † 12. Sept. 1612. 2. Prälat Erich Weismann, † 23. Februar 1717 mit seiner zweiten Frau Sophia Elisabetha, geb. Hopfer, † 26. Nov. 1715. 3. Prälat Joh. David Schmidlin, † 7. Januar 1730 mit seiner Frau Maria Judtiha, geb. Stockmayer, † 3. Sept. 1722. 4. In der Sakristei Alumnus Friedrich Bestlin, † Georgii 1597. 5) Maria Elisabetha, geb. Ruoff, Frau des Klosterpräzeptors Christ. Zeller, † 19. Dezember 1692. 6. Margaretha, Frau des Prälaten Jakob Schropp, † 10. März 1583. 7. Prälat Jakob Schropp, † 15. Juli 1594. 8. Weinland, † 1729. 9. David Brandt, Quartiermeister des Alt-Rosischen Regiments, begraben 25. Juli 1647. 10. Justina Sibilla, geb. Hopfer, Frau des Prälaten Augustin Hochstetter, † 6. Januar 1751. 11. Maria geb. Erhart, Frau des Prälaten Christoph Binder zu Adelberg, † 20. Januar 1605. 12. Johann Albrecht Reusser, Bruder des Klosterverwalters Joh. Marcus Reusser, † 25. Sept. 1587. 13. Maria Justina, Tochter des Klosterverwalters Johann Philipp Barbeli, † 15. Aug. 1691. 14. Wolfgang Trobnoswik, Lieutenant im Alt-Rosischen Regimente, † 27. Juli 1647. 15. Dorothea Augusta, geb. Hochstetter, Frau des Klosterprofessors Joh. Christian Lang, † 7. April 1753. 16. Katharina, Frau des Klosterverwalters Matthias Bliederhauser, † am Christtag 1576. 17. Barbara, dessen Tochter, † 7. Juni 1580. 18. Johann Bernhard Blessing, Pfarrer zu Knittlingen, ist in der Flucht allhier begraben worden am Johannistag den 27. Christmonat Anno 1692. 19. Wilhelm Emmel von Trier, Vikar in Oberhausen, † 4. Dez. 1630. 20. Anna Maria, geb. Cellarius,

Bei oder gleich nach der ersten Anlage der Kirche und ihrer zwei Seitenschiffe wurde die **westliche** und **nördliche Umfriebigung** des **Kreuzganges** C in einfachem romanischen Style errichtet, während die **südliche** und ein **Theil** der **östlichen** schon vorhanden war, indem jene durch die Umfangsmauer des nördlichen Seitenschiffes, dieser durch das nördliche Querschiff gebildet wurde. Etwa gleichzeitig mit dem Parabies wurde nun der **südliche Theil des Kreuz-ganges** selbst von q bis r in reichem eleganten Uebergangsstyle erbaut. Ihn zeichnen viele zierliche Säulchen aus, sowie sechstheilige Füllungen (Kappen) der Gewölbe. Hiezu kam um's Jahr 1303 der **westliche Theil** desselben, wie aus Folgendem erhellt:

Links vom Durchgang G ist an der Console t ein **Kopf mit Tonsur** angebracht und dabei die **Inschrift:** α)

Hie sol mit rehter Anbaht

Des Prioles [1] Walther werden gedaht,

Wan er hat diesen Bu vollbraht.

Valete in Domino.

Dieser **Prior Walther** kommt 1303 urkundlich vor. Rechts von diesem Kopfe ist an der Console u auch ein **Kopf ohne Tonsur** und über ihm sind drei Rosen, über welchen steht: α) Rosenschoephelin. [2] Daraus, daß dieser Kopf keine Tonsur hat, läßt sich mit Sicherheit schließen, daß er der eines Laien war und sehr wahrscheinlich des Bau-meisters dieser Parthie. — Ferner befindet sich an der ersten Bogen-Oeffnung des dritten Fensters von Norden gezählt, gegen den Kreuz-garten in der Kehle der Fenstereinfassung eine menschliche Gestalt,

Frau des Klosterverwalters Matthäus Hiller, † 2 Jan. 1664. Diese sämmtlichen Epitaphien sind theils in Stein, theils in Holz gehauen, haben zumeist Rococostyl und Schrift. γ) Außerdem liegen die Prälaten Valentin Vannius (Wanner), † 27. Aug. 1567 und Georg Burckardt Knöbel, † 15. April 1712, in der Kirche begraben. Auf des letztern Grabmal war der sterbende Jakob, seine 12 Söhne segnend, gemalt.

[1] Prioles = Priors. So führt Zeuß, die freie Stadt Speyer vor ihrer Zerstörung, S. 12, Prieln = Priorin auf, auch steht in einer Urkunde des Klosters Frauenzimmern vom Jahre 1417, die sich im königl. Staatsarchiv zu Stuttgart be-findet, Priolin = Priorin.

[2] 15. Febr. 1336 kommen Cunrat Schophelin und sein Bruder Dietherich als Herrn zu Maulbronn und 1365 Gotschalg selige Schefelin, Bürger zu Speyer, ur-kundlich vor.

freilich mit abgeschlagenem Kopfe und Gliedmaffen; an dem Plättchen um diese Figur steht: α) Gotschlag. Um 1303 also baute Prior Walther sehr wahrscheinlich mit Hülfe der Laienbrüder Rosenschöpfelin und Gotschlag den westlichen Theil des Kreuzganges. [1] Auch der nördliche und östliche Theil sind noch in demselben Style gehalten, nämlich dem edlen frühgermanischen, so zwar, daß auf den westlichen zunächst der nördliche und auf diesen der östliche folgte, was namentlich die fortschreitende Entwicklung des Maßwerkes beweist. [2] Die süd= liche Seite hat gar kein Maßwerk. Der westliche Theil des Kreuz= ganges (und ein Theil des nördlichen) wurde 1859 renovirt. Abbild= ungen des westlichen, nördlichen und östlichen Theiles finden sich bei F. Eisenlohr Nr. 13. 14. 15. 16.

An dem Kapitäl des Schaftes der zweiten Bogenöffnung gegen den Kreuzgarten hin im westlichen Theile des Kreuzganges ist ein kleiner nackter Mönch ausgehauen, welcher Trauben ißt und sogar auf einer Traube reitet; auch befindet sich in eben diesem Theile des Kreuz= ganges links neben dem Thore des Ganges G eine Thierfigur, wahrscheinlich ein Löwe, als Relief aus romanischer Zeit.

Im nördlichen Theile des Kreuzganges ist ein unter den Aebten Johann Burrus 1491—1503, Michael Scholl 1504 –1511 und Johann Entenfuß 1512—1513 erbautes Reuneck v, [3] dessen frühere Bedachung nicht mehr vorhanden ist. Am Gewölbe derselben ist die Inschrift γ):

Anno Domini MDXI foderunt in Torrente, repererunt aquam vivam. Gen. XXVI; im Schlußstein ist ein Adler skulpirt, in der Ecke findet sich das Zerrbild eines Ritters, ganz klein. — Der Brun= nen darin ist jetzt versiegt, aber davon noch eine koloffale Schaale aus Einem Stein übrig.

Abbildungen der Kapelle und ihrer einzelnen Theile finden sich bei F. Eisenlohr Nr. 6. 9. 10. 11. Auch fertigte M. Neher in

---

[1] Da die Inschrift ausdrücklich sagt, Prior Walther habe diesen Bau vollbracht, so kann man ihm wohl nicht mit Lübke den aktiven Theil daran absprechen, 1309 ist bei demselben ohne Zweifel verschrieben statt 1303.

[2] S. die weitere Ausführung bei Lübke S. 434.

[3] Dieses Reuneck war wohl ein Brunnenhaus, worauf auch die Inschrift hin= weist. Ohne Zweifel befand sich der jetzt vor der Oberamtei stehende Brunnenaufsatz cc auf der genannten großen Brunnenschaale im Reuneck.

München ein Gemälde der Kapelle nebst ihrer Umgebung, welches im Besitze des Kunstvereines in Mannheim ist.

Im Kreuzgange findet man, wenn man im südlichen Theile an= fängt und in der Richtung von Westen nach Osten (von w—x) fort= schreitet, folgende Epitaphien:

1) Anno Domini MCCCLVIII Idibus Januarii [1]) octave epiphanie obiit Johannes vocatus Hormich, piscator, civis Spirensis, requiescat in pace. α) Mit Kreuz und Wappen, worin zwei Fische sind. 2) Clau- ditur hoc tumulo Conradus cum Ludovico. α) Mit Wappen, das eine Lilie enthält. 3) Anno Domini MCCCLXXIX III Idus Januarii obiit Rudolfus de Offenburg, civis Spirensis, amicus hujus Coenobii. Requiescat in pace. α) Mit Wappen, welches den Riß einer Burg enthält. 4) Anno Domini MCCCCXXXVIII V Kalendas Marcii obiit in Spira Anna zum Lamme. β) 5) Anno Domini MCCCCLXXII obiit Junckher Jörg von Schawenburg. Bernharts von Schawenburg Sone, uff Sanct Dionisius Tag. β) Mit Wappen, dessen Schild ein An= dreaskreuz und eine Einfassung mit geschuppten Wolken enthält. 6) Anno Domini MVCXXV pridie Nonas Februarias obiit Venerabilis Dominus Joannes Entenfuss de Ewessheim, quandoque hujus Mo- nasterij Abbas, cujus anima requiescat in pace. β) Mit Abtsstab. 7) Anno Domini MDVI XV Kalendas Julii obiit Venerabilis Praesul ac Dominus Johannes Riescher de Laudenburg, in Mulbronne quandoque denuo Abbas, cujus anima requiescat in pace. β) Mit Abtsstab. 8) Als man zahlt von Christ Geburt MCCCCLXXVIII Jare uff den fierden Tag des Monats Augusti ist gestorben der Vest Junkher Swicker von Sickingen, Faut zu Brethem. Des Seele ruge in dem Fried. Amen. β) Mit Wappen, das fünf runde Scheiben enthält. 9) Anno Domini MCCCCXXXI pridie Kalendas Augusti obiit Jungher Leonhard von Sickingen, her Swickers Son, Voit zu Bretheim. β) Mit demselben Wappen. 10) Anno Domini M..... VI Cal. Sept. obiit Dominus Cunrad de Bernhusen, Spirensis Ca- nonicus, qui mortis poenas exsolvens hic sepelitur. α) x) [2]) 11) Wappen mit zwei senkrechten von einander abgekehrten Halbmonden,

---

[1]) Statt Januariis, welche Bemerkung auch für die folgenden ähnlichen Fälle gilt.
[2]) Er lebte vor 1277. s. Zeus traditiones Wizenb. S. 306.

Magenheim, und mit drei wagrechten Jagdhörnern, Reuffen. [1])
12) Anno Domini MCCCCXCII obiit Dominus Stephanus Otinger.
cujus anima requiescat in pace. β) Mit Abtsstab. 13) Anno Domini MCCCCXXIX obiit Elin, virgo de Spira, Fautrix hujus Monasterii. β) Mit Wappen, das eine Lilie enthält. 14) Anno Domini
MCCCCXXVII obiit Elisabeht, virgo de Spira, fautrix hujus Monasterii. β) Mit Wappen wie Nr. 13. 15) Wappen mit einer Rose,
Roßwag. 16) Anno Domini MCCCCXIIII II Nonas Decembris
obiit Venerabilis et egregius Frater, Johannes Mulberg, Sacerdos
de Basilea, Professor [2]) ordinis fratrum predicatorum, cujus anima
requiescat in pace. β) Mit Wappen, das einen Leuchter enthält.
17) Otto de Rosswag hic requiescit. α) [3]) Mit Wappen wie Nr. 15.
18) Anno Domini MCCCCVIII Nonis Januarii obiit Venerabilis
Magister Burkard de Waltorf, Sacerdos et Phisicus, hujus Cenobii
fidelis amicus, cujus anima requiescat in pace sempiterna. Amen. β)
Mit Wappen, das einen Hirschkopf mit Geweih enthält, darüber steht
er selbst, in der rechten Hand einen Kelch, in der linken ein Buch
haltend. 19) Anno Domini MCCCLXXXVI XV Kal. Jan. obiit
Dominus Albertus de Ruxingen, Venerabilis Abbas hujus Cenobii. α)x)
Mit Abtsstab, den ein Arm hält. 20) Wappen, welches einen rechten
Zwerchbalken führt, der mit drei Paar von einander abgekehrten Halb=
monden besetzt ist. Stocksberg. 21) Ovales Wappen, mit einem
Ring, der mit einem Stein besetzt ist, Dürrmenz, oder Enzberg
oder Niefern.

22) Bis septingentis Domini septem quater annis,
    Abbas Albertus ex Onteusheim Venerandus,
    Cum bene bis denis rexisset sex simul annis,
    Junius hunc ternis dedit intumulare Kalendis.
    Gaudeat ante Deum, qui praestitit hic Jubeleum.
               Amen. β)
Mit Abtsstab.

---

[1]) Hier ist entweder Ulrich von Magenheim und seine Frau Maria von Reuffen,
welche 1293 lebten, oder Zaisolf von Maugenheim und seine Frau Elisabeth von
Reuffen, welche 1320 lebten, begraben.

[2]) = Professus, vergl. Carolus de Visch, bibliotheca scriptorum sacri
ordinis Cisterciensis, epistola dedicatoria S. 12.

[3]) Otto von Roßwag und sein Sohn gleichen Namens kommen 1283 urkundlich vor.

23) Abbas Bertholdus hic pausat carne solutus,
Horum qui fratrum tum rexit ovile sacratum
Annis bis octo plus quoque dimidio.
Que docuit, monitis solitus praecedere factis.
Anno sex deno C quater Mque secundo
Discessit festo Johan Latin, Deus esto
Huic memor et gratus, ut sit sine fine beatus.
Natus de Rosswag villa. β)
Mit Abtsftab. 24) Conradus de Remchingen. ¹) Mit einem Lilien=
ftabtreuje. 25) Anno Domini MCCCLX V Cal. Februarii obiit Pela
Gutae Domina, in Domino requiescat. Amen. Anno MCCCLX
II Cal. Februarii obiit Pela, filia ejus, et Anno Domini MCCCLI
X Cal. Augusti obiit Guta, filia praedictae Gutae, et Anno
MCCCLXXXVII XV Cal. April. obiit Irmela, soror Pelae et Gutae
immediate praescriptae. Requiescant in pace. Amen. α) Mit
Wappen, das in einem Kreife ein Kugelftabfreuj und im obern Winfel
ein O, im untern ein I enthält. 26) Anno Domini MDXXI XI Calend.
Decembris obiit Reverendus in Christo Pater ac Dominus Dominus
Joannes Burrus de Brethein, precipuus religionis amator et cultor,
Abbas hujus Monasterij bene meritus, cujus anima requiescat in
pace. β) Mit verziertem Abtsftab, den ein Arm hält. 27) Wappen
mit rechts durchfchnittenem Felde, Bromburg. 28) Anno Domini
MCCCXIII. α) x) 29) Anno Domini MCCCCXIX III Kls. Octobris
obiit Venerabilis Magister Petrus de Prega, ²) eximius Doctor in
Medicinis, Studii Padauuiensis, fuit Cenobii fidelis amicus, cujus
anima requiescat in sancta pace. β)

30) Mille quadringentis Domini decies tribus annis
Abbas Gerungus ō vicena luce Novembris.
De Wilperg natus, regnet sine fine beatus. β)
Mit Abtsftab.

¹) Conrad von Remchingen war an Elifabeth von Enjberg verheirathet und
fommt 1304 und 1334 urfundlich vor. Sein Sohn gleichen Namens wird auch
1334 und wieder 1341 und 1351 aufgeführt.
²) Soll wohl Praga heißen.
3*

31) Aethere sit dignus hic pausans carne Boyngus
Abbas in Euterne, [1]) qui Spiram Basiliensi
De synodo rediens deficiebat ibi. *β*)

Mit Abtsstab.

32) Hic Pater Heinricus de Gernstein, pacis amicus,
Exuvias posuit corporis, astra petens.
Nobilis ex genere, sed nobilior pietate,
Cultor virtutis, carnis quoque strenuus hostis,
Quam sic inanivit, quod cutis ad ossa resedit,
Martyrio longo se sacrificans crucifixo.
Sancta, Deoque placens sit taliter hostia vivens.
De quo non dubites, quin coelo sit sibi [2]) sedes.
Obiit MCCCCXLII Lucae Evangelistae. *β*) o)

33) De Bretthem genitus saxo qui premor ab isto,
Abbatis quondam munere fungens eram.
Me cedere fecit Podagre noxia lues,
Nec amplius lustro patitur esse Patrem.
Vos, qui transitis, requiem Nicolao precantes
Dicite sistentes: O super astra vivas!
Obiit XII Kalendas Maji MCCCCLXXV. *β*) x)

Mit Abtsstab.

34) Inclytus Orator. Abbas quandoque Johannes,
Olim magnanimus, nunc jacet exanimus.
Qui de Geilhausen oriundus, Basiliensis
Concilii missus, cepit amore Dei
Unius ad fidei cultum revocare Bohemos,
Cui lux aeterna luceat in patria.

Amen. Obiit MCCCCXLIII. *β*) x) Mit Abtsstab. 35) o) [3]) 36) Anno
Domini MDCXLIII V Idus Januar. obiit F. Mattias Amman, Sancte

---

[1]) Die Lesart ist schwierig, es könnte auch heißen Enterne. Jenisch liest
Meuternae. Vielleicht ist Enßerthal, uterina vallis gemeint.

[2]) Aehnlich ist: mors sibi vita fuit, f. Otte S. 253.

[3]) Dieser Grabstein wurde vor etwa zwanzig Jahren bei Anlegung einer Dohle
durch den Kreuzgang in der Mitte zerhauen. Zu ihm gehörte ohne Zweifel ein bei
dieser Veranlassung dort herausgenommener steinerner Sarg, der jetzt in dem Kapitel-
saale liegt, und worin man noch Todtenbeine gefunden haben soll. Ein Deckel ist
nicht dabei.

Gallensis, Helvetius, Conversus Lucellensis, et Cellerarius Maul-
brunensis. Requiescat in pace. Amen. γ) 37) Anno Domini
MDCXXXV 24 Octobris obiit Venerabilis P. F. Joannes Berod,
Lucellensis Professus, post restitutionem hujus Monasterii Prior,
cujus anima vivat Deo. γ) x) 38) Anno Domini MDC . . . IX
p. M ¹) . . . . . . Suntgoivus; Professus Lucellensis, Parochus et
Pistinarius in Mulbronn. Requiescat in pace. Amen. γ) o) ²)
39) Anno Domini MDCXXXV IVto 8bris obiit Venerabilis P. F.
Rodolphus Stulmiller, Lucellensis Professus, et post hujus Monasterii
restitutionem Cellararius. Requiescat in pace. γ) Außerdem Wappen
mit zwei Ringen und Kelch, Reipperg? o)

Der von dem Kreuzgange eingeschlossene Raum war der Friedhof
der gemeinen Mönche. ³)

An den östlichen Theil des Kreuzganges stößt als Erweiterung
desselben der Raum D, welcher dem Style nach im vierzehnten Jahrhundert erbaut wurde, 1431, 1462, 1467, 1475 und 1642 urkundlich
als Kapitelsaal vorkommt, nächst der Kirche die würdigste Bestimmung hatte, ⁴) und zugleich ein ehrenvoller Begräbnißplatz

---

¹) Soll heißen MDCXXXIX obiit piae memoriae. Der Name selbst aber
läßt sich nicht mehr angeben. Suntgoivus zeigt seine Geburt aus dem Sundgau an.
²) 32) und 38) waren im Jahre 1846 noch vorhanen.
³) Vergl. Otte S. 24. — Jetzt ist dort ein in neuester Zeit hübsch angelegtes
Gärtchen, welches Kreuzgärtchen, auch wohl Kapellgart genannt wird.
⁴) „Hier versammelten sich," sagt Sulpiz Boisserée a. a. O. S. 31 ff.,
„täglich die Mönche nach dem Morgengottesdienste unter dem Vorsitze des Abtes und
Priors. Es wurden die Lebensgeschichte des Heiligen des Tages und ein Kapitel
aus der Ordensregel vorgetragen (daher der Name Kapitelsaal), auch wurde der auf
den Tag bezügliche Theil der Jahrbücher gelesen, worin die verstorbenen Ordensbrü-
der, die Wohlthäter und Beschützer verzeichnet waren; bei allem diesem sprach man
passende Gebete. Hierauf folgte die Rüge und Bestrafung der Vergehen, die öffentlich
statt gefunden hatten, oder deren die Brüder sich selbst anklagten; zuletzt kam die
Vertheilung der Arbeiten und Geschäfte, so wie die Berathung der Klosterangelegen-
heiten, oder bei eintretendem Falle die Aufnahme von Novizen und die Wahl eines
Abtes oder Priors. Dieser Bestimmung des Kapitelsaals gemäß erbaute man denselben stets mit besonderem Aufwande, man errichtete ihn gewöhnlich in der Nähe der
Kirche an der Ostseite des Kreuzganges. In seinem Innern brachte man rund herum
Bänke und an der mittlern Wand einen ausgezeichneten Sitz für den Abt oder Prior,
bei den Stiften für den Probst oder Dechanten an, auch schmückte man den Saal

war, [1]) wozu er schon 1273 diente. [2]). Den Eingang des Kapitelsaales bildet ein Rundbogen, welcher zwei germanische Bögen einschließt. Von den hier stehenden Säulen hat die mittlere ausnahmsweise ein mit Vögeln geziertes Kapitäl. In dem Saale selbst ist ein von drei Säulen unterstütztes Sterngewölbe, in dessen Feldern Marterwerkzeuge, das Leiden Christi bezeichnend, gemalt sind (wohl aus späterer Zeit), weßhalb er längere Zeit irrig für die Geißelkammer gehalten wurde. An demselben Gewölbe sind folgende bemalte Skulpturen in Stein: Die Zeichen der vier Evangelisten — bei denen des Marcus und Lucas stehen ihre Namen, γ) den Engel des Matthäus umgibt ein Traubenlaubkranz mit eingefügten Trauben — ein Lamm und ein Mann mit einem Spruchbande. 1850 wurden zwei farbige Fenster eingesetzt. Eine Abbildung dieses Saales findet sich bei F. Eisenlohr Nr. 19. In demselben waren [3]) folgende Epitaphien:

1) Anno Domini MDCXLII Kal. Octob. obiit, postquam eodem anno Abbatiam resignavit. admodum Reverendus Dominus Christophorus Schaller. ex Sennheim Alsata, Profess. Lucellensis, Prior Uterinae vallis, primus hujus Monasterii 1630 iterum restituti Catholicus Abbas. Requiescat in pace. Amen. γ) x)
Mit Abtsstab.

2) Petra conditur hac Ulrich cognomine Melsag.
Terris sublatus Christo sit consociatus. α) o)

3) O bonitas Christi, succurre, precor, michi tristi
Ottoni sceleratorie peccata luenti,
Cancellam regni moderans virtute potenti,
Qui vermis nunc atque cinis vocor ista legenti.
Unde pater venie veniam da te sicienti,
Me saciens, te pane fruens, in luce frequenti. α) o)

---

mit Gemälden, stellte ein Kreuz oder Pserpult darin auf." — 1557 wurde ein Abt darin installirt. Besold, docum. rediviva S. 900.

[1]) Sammarthani V. 755 und 756.
[2]) S. unten.
[3]) Um das Jahr 1847 wurde aus dem Saale ein denselben verunstaltender, zu einem Bade dienender Einbau entfernt und die Bruchstücke der Grabsteine, aus welchen er theilweise gebildet war, darin gelassen. Bald darauf aber wurden nicht nur diese, sondern auch die auf dem Boden selbst befindlichen Grabsteine, im Ganzen dreizehn, behufs der neuen Plattenlegung weggenommen, und es sind nur noch die Bruchstücke von fünf derselben in einem kleinen Gelasse des nördlichen Kreuzganges aufbewahrt.

4) Anno Domini MCCLXXVI VI Idus Junii obiit Soror
Mergarthis.
Hujus amica pomus ipsa fidelis erat
Conferat aeternae Deus illi gaudia vitae.
Amen. α) o) 5) Anno Domini MCCLXXXXI IIII Kl.
Marcii obiit Helfric de Dalheim Spirensis Ecclesiae Canonicus. α) x) ¹) 6) III
Idus Aprilis obiit Eg·ehardus anno Domini Millesimo CCLXXIII.
Iste Novi castri fuerat Venerabilis Abbas. α) x) Mit Abtsſtab.
7) Anno Domini MCCC . . . III Id. Januarii obiit Venerabilis Ma-
gister Anshelmus de Hergesheim Sacerdos juris peritus, Praeben-
darius Majoris Ecclesiae Spirensis. Coenobii hujus fidelis amicus.
Requiescat in pace, Amen. β) x) Dabei iſt ſein Bild, mit der
Rechten einen Kelch, mit der Linken ein Buch haltend. 8) Anno Domini MCCCCCLVII Kalend. Aug. obiit Reverendus ac pius Dominus
Henricus de Nordlingen, Abbas Monasterii Maulbronn, cujus anima
requiescat in pace. Amen. β) o) Mit Abtsſtab. 9) Anno Domini
MCCCCII, Regiminis vero sui Anno XVIII, VII Kalendas Augusti
obiit Venerabilis Pater Dominus Henricus de Renningen, Abbas
hujus Coenobii. Requiescat in pace. β) o) Mit Abtsſtab, den ein
Arm hält. 10) Bild eines Prieſters. o) 11) Ein Abtsſtab. o)
12) Anno Domini MCCCCLXVII Idus Julii obiit Venerabilis Pater.
Dominus Johannes de Winsheim, Licentiatus atque Sacre Theologie
Praedicator assiduus, Abbasque hujus Monasterii optimus. β) x)
Mit Abtsſtab. 13) Anno Domini MCCCLIII die Simonis et Judae
ob'it Dominus Conrad de Talheim, Abbas hujus Monasterii, cujus
anima requiescat in pace. Amen. Darauf war ſein Bild mit einem
Buche in der rechten und dem Abtsſtab in der linken Hand. o)
14) Soror Jutida. o) 15) Anno Domini MCCCXLV. ²) Vigilia
Thome obiit Ella Domina Swrenn, ³) civis Spirensis, anima cujus
in pace requiescat. Darauf war ihr Bild. o) 16) Albertus Abbas
o VII Cal. Junii. o) ⁴)

¹) 1277 kommt er bei der Schlichtung eines Streites zwiſchen dem Kloſter Wei-
ßenburg und dem Kapitel zu Spener als Zeuge vor, f. Zeuß S. 306 ff.
²) Jeniſch hat die Jahrzahl 1314, Crusius 1345. Letztere iſt die richtige,
denn dieſe Swrenin lebte noch 1332, 1346 aber war ſie ſchon geſtorben.
³) Sie wird auch Elle, Elena, Emmah Swenin oder Sueriu genannt.
⁴) Hier fehlt MCCCCLXXV, f. Sammarthani V. 756.

Nach Jenisch soll auch folgendes Epitaphium, welches er aber selbst nicht mehr vorfand, im Kloster gewesen sein: Johann von Mellin Professus in Albinghof zu Paderborn, hiernächst postulirter Abbt zu St. Mauritii Berg und Simeonis zu Minden, † 1637 im Augusto. Nach Crusius [1]) wurde Hedwig von Dürmenz, ein Mägdlein, hier begraben. Außerdem wurde dem Gelphrab, Edlen von Horrheim, † nach 1179, und dem Ludwig von Luneburg nebst seiner Frau ihr Begräbniß hier zugedacht und zwar diesem Ludwig ausdrücklich in der Kirche.

An diesem Raum D wurde südöstlich eine kleine Kapelle y, deren Boden später erhöht worden zu sein scheint, in demselben Style aus dem Achteck angebaut. 1850 wurden auch hier farbige Fenster eingesetzt Ferner befand sich vor demselben ein Altar zum heil. Paulus, von welchem jetzt nichts mehr zu sehen ist. An ihn stößt südlich ein Gelaß z. an dessen südlicher Wand mystische Kreise und Steinmetzzeichen eingerissen sind. Manche halten es für die Schatz= kammer.

Zu der ganzen ursprünglichen Façade der Kirche sammt Neben= gebäuden gehörte die innere Wand des äußeren Ganges E, der an die Vorhalle stößt. Derselbe wurde in spätgermanischem Style ge= wölbt und es wurden hiebei die Lisenen, welche an der ursprünglichen Mauer heraufgingen, als Auflager für die Kreuzgewölbe benützt. Die Rundbogen in der äußern Mauer sind somit Nachahmung der älteren aus späterer Zeit. Die genannten Nebengebäude sind ursprünglich germanischen Styles und aus dem Anfange des dreizehnten Jahrhun= derts, wie folgende älteste Inschrift α) des Klosters an einer Basis der Lisenen aa) beweist:

Anno ab incarnatione Domini MCCI.

Zu derselben Zeit, wo der Gang E gebaut wurde, wahrscheinlich im fünfzehnten Jahrhundert wurde auch der zwischen ihm und dem Kreuzgange liegende Keller F eingewölbt.

Diesen Gang E trennt der Durchgang G von einer geräumigen Halle H, welche im romanischen Style oder wenigstens in der frühesten Zeit des Uebergangsstyles erbaut ist, auf sieben Paar Säulen mit zierlichen Kapitälen ruht, und ihrer Anlage nach das frühere Re= fectorium oder Nebenrefectorium für Laien gewesen zu sein scheint.

[1]) Annal. 2, 402.

An diese stößt ein Raum I, von dessen zwei Gewölben nur noch die Anfänge sichtbar sind, und welcher Doctor Faust's Laboratorium gewesen sein soll, ohne Zweifel aber die Klosterküche war, worauf die Lage zwischen beiden Refectorien und die noch sichtbaren Oeffnungen in den Wänden zur Darreichung der Speisen hinweisen.

Gegenüber von dem oben genannten Neuneck v ist das Portal zu dem Raume K, Refectorium auch Rebenthal[1]) genannt; es ist mit einer schönen Rosette geziert.

Das Rebenthal selbst ist ein geräumiger im Uebergangsstyle erbauter Saal, überdeckt mit reichen Kreuzgewölben, deren Kappen von halbkreisförmigen Kreuzgurten und spitzbogigen Quer= und Mittelgurten getragen werden. Sämmtliche Gurten sind von schwerer Profilirung und mit Diamantstäben, theilweise in doppelter Reihe, geschmückt. Die sieben Säulen, worunter drei, welche die Diagonalgurten unterstützen, von größerem Durchmesser sind, machen durch ihre mit gewaltigen Ringen versehenen Schäfte, ihre hohen, theils rund gegliederten, theils viereckigen Basen und ihre ausdrucksvoll profilirten Kapitäle einen großartigen Eindruck. Ueber den romanischen Fensteröffnungen sind germanische Bögen. In der östlichen Nische sieht man die Reste einer Wendeltreppe. Ueber dem Portale ist innen ein Wappen mit einem getheilten Schilde gemalt, in dessen rechter Seite rothe Vierecke mit weißen abwechseln, und das von einem Abtsstab schräg rechts durchschnitten wird. Darunter steht 1609, wohl die Renovation anzeigend, da damals das Kloster im Besitze der Protestanten war. An einer der Säulen ist eine Vertiefung für eine Brunnenröhre sichtbar, was in Verbindung mit der jetzt zugemauerten Oeffnung gegen die Küche auf die Bestimmung dieses Raumes als Refektorium hinweist, und sowohl durch seinen noch jetzt üblichen Namen Rebenthal, als auch durch Vergleichung mit analogen Räumen in andern Cisterzienser=Abteien, z. B. Raum K im Grundriß von Bebenhausen, bestätigt wird, und zwar war er das Sommerrefektorium, da für das Winterrefektorium ein be-

---

[1]) In der Abtei Hirschau war gleichfalls ein Resenthal, s. Heyd, Ulrich III, 105, in Herrenalb führte ein Gelaß denselben Namen, auch hieß in Bildhausen der entsprechende Saal so, und das Winterrefektorium in Bebenhausen trägt noch jetzt diese Benennung, s. Klunzinger, Bebenhausen S. 29 Anm. 3. Ebenso in Rechenshofen, im Nonnenkloster zu Kirchheim u. T., Reuenthal hieß das in Adelberg, O.=A. Schorndorf, u. s. w.

sonderer Saal bestimmt war. Der Aufriß dieses Raumes findet sich
bei F. Eisenlohr Nr. 12, der Grundriß Nr 20, der Längendurch=
schnitt Nr. 21, der Querdurchschnitt Nr. 22, Details davon Nr. 5,
23, 24. Siehe auch Leibniß Fig. 61—65.

Sowohl der Kreuzgang als auch der Kapitelsaal und das Neben=
thal gewähren herrliche Perspectiven. Zumal die des letzteren, das
noch vor wenigen Jahren als Holzmagazin verwendet in kläglichem
Zustande sich befand, den Boden über und über mit Schutt bedeckt,
die Fenster theilsweise vermauert u. dgl., gewann durch Entfernung
dieser Mißstände bei der in der letzten Zeit vorgenommenen Restau=
ration ungemein an Großartigkeit. — An das Nebenthal grenzen
drei gewölbte Räume L, welche vermuthlich als Carcer dienten.
Ueber ihnen befindet sich ein größerer Raum, in der Uebergangsperiode
an das Nebenthal angebaut. Er war ursprünglich mit einer horizon=
talen Decke versehen, und später 1380—1400 mit zwei Kreuzgewölben
überwölbt. Eine nach aussenhin fallende Wasserrinne, ein in der äußern
Umfassungsmauer gelegener Schornstein und mehrere cylinderförmige
Oeffnungen im Fußboden, durch welche eine starke Ventilation für die
Feuerung bewerkstelligt wurde, ferner der an den Wänden haftende Ruß
lassen vermuthen, daß er als Küche benützt wurde. Erst durch die
neuesten Restaurationen ward er den Besuchern des Klosters wieder
erschlossen, und die nach dem Nebenthal hinführende vermauerte Fenster=
öffnung wieder geöffnet.

Der Raum M war wahrscheinlich die Geißelkammer (Flagel-
latorium), indem daselbst eine Person mit Heiligenscheine, die in der
einen Hand eine Ruthe, in der andern ein Rohr hält, wahrscheinlich
ein Ecce homo, gemalt ist, und die dahin führende, jetzt theilweise
abgebrochene, steinerne mit mehreren Rosetten geschmückte Treppe noch
jetzt Höllenstiege heißt. Er ist durch eine Mauer aus, wie nach den
darauf befindlichen Gemälden zu schließen ist, spätgermanischer Zeit in
zwei ungleiche Theile geschieden. Das kleinere Gelaß hat Spitzbogen=
styl und einen Halbpfeiler ohne Kapitäl, an welchem steht: Byler 1523.
Hinter ihm ist eine Mauer, worin ein Abtsstab eingehauen ist. Das
größere Gelaß hat einen palmenartigen Pfeiler, auf welchem seine
Wölbung ruht. Die Wände sind mit Gemälden geziert, die aber
sehr Noth gelitten haben, doch ist noch erkennbar an der südlichen das
Brustbild eines Bischofes mit Spruchband, ferner verschiedene Hei-

lige und Aebte oder Bischöfe; an der östlichen das Brustbild eines
Mannes mit Barett und Bart, der mit den Händen ein Spruchband
hält, abermals das Brustbild eines Mannes mit Spruchband; nördlich verschiedene Personen mit Spruchbändern, sowie ein Hund. Auch
ist an einer Console der südlichen Wand ein Kopf eingehauen, dem aber
die Nase fehlt. An einem der beiden Fenstergewände ist ein Entenfuß einge-
graben (was sich wohl auf den Abt Entenfuß bezieht). Der Raum
wurde mit der Zeit in einen Keller verwandelt, und es fehlt ihm noch
jetzt sehr an Licht. Ueber dem Eingange der genannten Stiege ist das
Reliefbild des Gekreuzigten in Stein mit sehr kurzen Füßen.

Nördlich von der Geißelkammer ist ein großer Keller N, dessen Gewölbe von vier stämmigen Säulen und einem Pfeiler in der
Mitte getragen wird. Der Styl ist romanisch und der oben beschrie-
benen Façade der Nebengebäude der Kirche ähnlich, weßhalb seine Erbauung auch in den Anfang des dreizehnten Jahrhunderts zu setzen ist.

Von dem Gange E führt eine steinerne Treppe bb zu einem
Saale spätgermanischen Styles, welcher wahrscheinlich der von Abt
Entenfuß (1512—1518) erbaute Winter-Speisesaal (Refectorium hibernum) war. [1]) Seine Umfangsmauern ruhen auf denen von
F und G, welche älter sind und eine noch daran gegen Westen vorhandene zugemauerte Thüre in romanischem Style beweist, daß früher
ein anderes Gelaß da war. Diese Thüre und ein Theil der Grund-
mauern gehörte zur ursprünglichen Façade.

Außen gegen Westen ist eine Sonnenuhr, welche die Devise
hatte:

Cum sol non lucet, patientia opus est.

Zu dem Winterspeisesaale führte vom Kreuzgange aus eine jetzt
nicht mehr vorhandene Wendeltreppe, die in dem steinernen Gehäuse
sich befand, das in dem Raume H steht und eine Oeffnung gegen den
Kreuzgang hat. Man sieht noch an der innern runden Wand dieses
Gehäuses die Ansätze von den Stufen der Wendeltreppe. Das vom

---

[1]) Jetzt wird er als Winterkirche benützt. An dem Eingange ist links das spätere Wappen von Maulbronn mit einem beladenen Esel, der sich einem Brunnen
nähert und die Jahreszahl 1768, und rechts ein Wappen mit einem Abtsstabe und
dem Buchstaben W, wie in der Sommerkirche an der Kanzel. Sie wurde somit
wahrscheinlich von Prälat Wanner zur Winterkirche eingerichtet und 1768 renovirt.

Kreuzgange aus zu dieser Wendeltreppe führende Portal ist vom Abt Entenfuß circa 1515 erbaut, ebenso die Brüstung, welche das jetzt wieder zugedeckte Treppenloch dieser Wendeltreppe umgeben hatte und deren Bruchstücke jetzt zum Geländer der Treppe bb verwendet sind.

Auf die Räume D M N und den östlichen Theil des Kreuzganges waren die Zellen der Mönche gebaut, von welchen die oben genannte steinerne Treppe in die Geißelkammer und den Kreuzgang führte, und es heißt dieser Platz noch jetzt Dorment (Dormitorium). Von den über dem Raume D erbauten Zellen ist die letzte südlichste neben dem Querschiffe der Kirche noch vorhanden, zu der übrigens nur ein sehr beschwerlicher Zugang unter dem Dache über dem südlichen Kreuzgange führt. Im Dachstuhl war ein großer, vielleicht für Laienbrüder bestimmter Saal.

Von dem Dormente aus gelangt man in den oben schon genannten Saal des Querschiffes. Derselbe war, wie bemerkt, ursprünglich wahrscheinlich zur Schatzkammer eingerichtet, später aber zum Bibliothekfaal [1]) bestimmt, welchen Abt Johann Burrus bei seiner zweiten Amtsführung 1519—1521 bauen ließ, und der als sehr kunstreich gerühmt wird, was sich ohne Zweifel darauf bezieht, daß seine Decke aus zwei spitzbogigen, durch Pfeiler unterstützten Tonnengewölben besteht, und die eiserne Thüre daran ein Schloß hat, welches nur durch einen Kunstgriff geöffnet werden kann. Es befindet sich die sogenannte Fundationstafel darin, welche früher auf der Herrenstube im Abthause (s. unten) an die Wand befestigt war. Sie besteht aus einem hölzernen Kasten mit zwei bemalten Flügelthüren. Auf der linken ist außen abgebildet, wie die Klosterbrüder im Bau der Kirche begriffen sind. Sie sind in ihrer Ordenstracht, der eine behaut Holz, der andere Steine, ein dritter macht den Mörtel zurecht, ein vierter steht in einem Trettrad, an welchem ein Stein hinaufgezogen wird ein fünfter steht auf der Mauer und nimmt diesen Stein ab. Auf der rechten Flügelthüre ist außen dargestellt, wie sie während der Arbeit von Räubern überfallen werden und ihnen schwören, das Kloster auszubauen, und innen, wie Bischof Günther und Walther von Lomersheim als Stifter die Kirche in den Händen halten, und sie der Himmelskönigin als Opfer darbringen mit folgenden Worten:

---

[1]) Hiezu dient er jetzt noch.

daß dir diß Opfer gnediglichen bevolen sein.

Ad nos flecte oculos, dulcissima Virgo Maria,

Et defende tuam, diva Matrona, domum. 1493.

Auf dem oben genannten linken Flügel innen kniet der hl. Bern=
hard und Abt Diether vor der Maria und es gehen von letzterem die
Worte zu ihr aus:

O Muter Gots empfahe das Opfer.

Anf der Tafel selbst steht mit vergoldeten Buchstaben γ) Folgendes
geschrieben:

Wir Günther von Gottes gnaden Bischoff zue Speyr thun khundt
allen Menschen die gegenwärtig oder zukünfftig seyen das der Ersam
Ritter, und geborner Freyherr, Altz Stammes, baid Vatter, und
muotter, Herr Walther von Lammersham, züchtig in Sitten, sehr streng
in Waffen bewegt ward von Göttlichem einsprechen, zu den gezitten
alß man zahlt 1138 [1] Jar von Christi Geburt, Sich und all sein
gutt Gott in seinem Dienst zu opffern, in ein Gaistlich leben, umb
Seiner seelen ewiges hail [2], und allen nachkommenden in ein bey Zai=
chen, darum seine andechtige Mainung Zue vollbringen, batt Er fleis=
siglich wainende, und olehende den Ersamen Gaistlichen Vatter, und
Appt, Herrn Ulrichen des Closters Newenbürg, [3] umb ein Convent,
und erwarb mit seim strengen gebett, von Jme ein Erbarn Münch,
Herr Dieterich genandt Zu Einem fürweser seines Gotts hauß mit 12
Mönchen, [4] undt Etlichen Laybrüdern, Zue bawen ein Apptey, uff
seiner aigen markh Eckenweiler, des Dorffs bei lammerschem gelegen,
daß er darzue gaab, mitt allen seinen zugeberden, [5] und Ergab sich
mitt gelibten ewige Keuschhait in die gemainschaft der Gaistlichen Brü=
der, und nam an sich den hailigen orden, und ward ein Lay Bruder
jres ordens Bey in, und da fiengen sie an zu bawen ein Closter. Aber
kürtzlich darnach ehe sie etlich Jar da wohnten, [6] worden sie merken,

---

[1] Besold, docum. rediv. S. 788 hat 1137 und Crusius 2, 401 taufend,
ein hundert, sieben und vierzig.

[2] Crusius fügt ein: willen.

[3] Besold: Newenburg, Crusius: Newenburg.

[4] Besold hat die Worte: Herr Dieterich — 12 Mönchen nicht.

[5] Besold: zugehörten, Crusius: Zugehörden.

[6] Besold: ob sie ein Jahr da wohneten. So hieß es ursprünglich, wie jetzt
noch sichtbar ist. Crusius: ehe sie ein Jahr da waren.

das derſelben Statt Gelegenhait inen maß ſehr unbequem, umb ge-
breſten mancherlei clöſterlicher Zugehörden, und notturft. Hierumb ſo
kame der obgenant freyherr Walther von Lamerſchen mitt Herr Dieterich dem vorgenannten Apt, zu unß in Raths weiſe, Kamen [1]) und
Baten unß, daß mir umb Gottes ehre wölten [2]) Ir Convent beſehen,
alſo gewerten wir Sie Ires fleiſſigen gebets, and geſahen [3]) Iren
gaiſtlichen Samlung: und funden wir die ſtatt [4]) gantz ungeſchickt und
uneben clöſterlicher gelegenhait. — Darumb ſo geben wir inen umb
ires gebets wegen gar ein geſchickt und abgeſcheiden ſtatt, [5]) auf un-
ſerm Grund und boden Maulbrunnen [6]) genandt, da zu bawen und
Stifften ir Cloſter. [7]) Die Statt waß gantz wildt, wieſt, ungebawet
und ſehr ſorglich von wegen der mörder, die da raubten und morbten [8])
ſtetiglich. Denen doch die Brüder getraweten wohl [9]) mit Gottes Hülff
zu widerſtehen. Und alß man zalt von Chriſti Geburt 1148 Jar
vollenden ſie an Maulbrun zu bawen, [10]) und zu den Zeitten beß durch-
leuchtigſten Ehrwürdigen Kanſers Herr Friderichs, ward biß Münſter
geweiht — von dem Ehrwürdigen Herrn Arnolde Ertzbiſchoff zu Trier,
in die [11]) Ehr Chriſti und ſeiner würdigen geבererin Maria, und ſant
nicklaß des Heiligen Biſchoffs. Die Kirchweyhung geſchah an dem
14. Tag Mayen, under dem erſamen Vatter und Herrn, Herrn Diet-
rich, erſtem Apte dieſer Statt anno 1178 [12]) iſt auch [13]) zu wißen, daß

---

[1]) Bei Besold und Crusius fehlt: kamen.

[2]) Besold: willen.

[3]) Besold: vnnd geſahen, Crusius: und beſahen.

[4]) Crusius: Da funden wir die Stabt.

[5]) Crusius: abgeſchaidne Stabt.

[6]) Besold: Maulbronnen, Crusius: Maulbrunn.

[7]) Besold: vnd ſtifften jhr Clöſter, vnd ſtifften jhr Cloſter (offenbar verſchrie-
ben), Crusius: jre Clöſter.

[8]) Besold: die da rauben vnd mörden ſtettiglich, Crusius: die da morbten
ſtätiglich.

[9]) Bei Crusius fehlt: wohl.

[10]) Besold: 1138. Jahr, da fiengen Sie ahn Maulbronn zue bawen, Crusius: ein tauſend, ein hundert, und acht und vierzig Jar: da fiengen ſie an Maulbrunn zu bauen. Besold hat das Urſprüngliche, denn die Zahl 4 iſt ſpäter einge-
ſchnitten und nicht vergoldet.

[11]) Besold: der.

[12]) Besold: 1148, Crusius: MCLXXVIII.

[13]) Besold und Crusius: Auch iſt.

der ersam Ritter, Herr Walther obgenannt Convers dieses Closters, der diese Sammlung zuerst stiften und bauen waß, mitt Hülff und Stewr des Ehrwirdigen Herrn Herrn Günthers Bischoffs zu Speyr und Grafen zu Leiningen, liegt begraben in der Layenbrüder Chor: und sein Mitstifter Herr Günther obgenannt liegt begraben in der Prüstercher vor dem Frohnaltar der Seelen und allen die Jr Stewr hand gethon zu diesem Gottshauß und alle glaubigen Seelen ruhen im Frid. Amen. Gemacht und geschrieben ist diese Tafel [1]) in dem seeligen Gulden Jar von Christj geburt, 1450, unter dem Ehrwirdigen Herrn Bechtold [2]), Abt diß Closters, in dem 6. jar der Abtey, zu einer ewigen Gedechtniß der ersten Stifter. Renovata 1616. [3])

Von obgenannten Gemälden hat das dritte und vierte Aehnlichkeit mit dem an der südlichen Wand der Kirche, dagegen ist das erste und zweite eigener Zusatz. Auch auf der Stiftungstafel selbst ist Einiges der dortigen Renovationstafel, welche älter ist, entnommen, Anderes aber der Stiftungsurkunde Günthers, welche Besold gibt, so zwar, daß Manches bei letzterer abgekürzt, Manches aber auch durch Zusätze erweitert ist. Bei der mehrmaligen Erneuerung derselben haben namentlich die Bestimmungen der Zeit der Stiftung und das damit Zusammenhängende mehrfache Veränderungen erhalten, weil Einige sie von Eckenweiler an, Andere von der Versetzung nach Maulbronn an datirten.

Ferner ist in diesem Saale ein Altargemälde von 1432, welches zwar sehr Noth gelitten hat, aber doch noch Spuren eines guten Meisters zeigt, und die Kreuzigung Christi mit Zusätzen aus dem Legendenkreise darstellt. Es mag zu einem Seitenaltar gehört haben. [4])

Ueber dem östlichen Ende des südlichen Theiles des Kreuzganges ist ein mit einem Kreuzgewölbe bedeckter Raum, zu welchem man jetzt nur noch unter dem Dache eben dieses Theiles des Kreuzganges gelangen kann, doch ist an ihm eine zugemauerte Thüre gegen das Dorment sichtbar. Dort wurde nach der Sage Doktor

---

[1]) Besold: Toffel.

[2]) Besold: Bertholdt, Crusius: Berchtold.

[3]) Besold: Auff ein newes ernewert ward, den 7. Tag Maij: als man zalt 1575 Jar.

[4]) Ein hölzerner Abtsstab, welcher auch daselbst aufbewahrt wird, gehörte vermuthlich einem evangelischen Prälaten an.

Faust vom Teufel geholt, und man will noch einen großen Blutflecken von ihm an der Wand daselbst zeigen.

Das Dorment ist mit dem Abthause durch das Gebäude O verbunden. In diesem ist unten ein Saal, welcher ein Tonnengewölbe mit rautenförmig sich durchkreuzenden Rippen hat und der Sprechsaal (Parleatorium) gewesen zu sein scheint. Die Decke desselben ist mit verschiedenen Figuren bemalt. Ueber dem westlichen Eingange ist ein bemaltes Lamm mit Heiligenschein und einem Kreuze in Stein ausgehauen. An der östlichen Wand ist ein Gemälde, darstellend Maria mit dem Kinde, eine knieende Figur und unten das alte württembergische Wappen nebst einer Palme, an deren Stamm Attempto. der Wahlspruch des Herzogs Eberhard im Bart, geschrieben ist, welcher mit dem Kloster in freundschaftlicher Verbindung stand. [1] Es fällt also dieses Bild in die zweite Hälfte des 15ten Jahrhunderts. Das Parleatorium selbst hat spätgermanischen Styl.

Dasselbe gilt von einem über ihm befindlichen, gegenwärtig der Restauration unterliegenden Saale, welcher das Oratorium gewesen zu sein scheint. Hier hat dieser Baustyl in dem reichen Sterngewölbe, dem zierlichen Spitzbogenmaßwerke, der leider wegen der unseligen Uebertünchung unkenntlich gemachten Bemalung seine ganze Pracht und Mannigfaltigkeit zur Geltung gebracht

Zu diesem oberen Saale führte vom Raume D aus eine zierliche Wendeltreppe cc mit gewundener Spindel. Sie hat die Inschrift: γ)

Divae virgini Mariae ac posteritati bene merenti [2] Johannes Burrus de Brethen Abbas per F(ratrem) Conrad Conversum de Schmye hoc opus erigens a fundamentis consummavit. Anno Domini MCCCCLXXXXIII.

L(aus) O(ptimo) D(eo).

Zu dem östlichen Eingange des Oratoriums und zugleich zum Herrenhause P führte ebenfalls eine gleichzierliche Wendeltreppe dd

---

[1] S. Klunzinger, urkundliche Geschichte der vormaligen Cisterzienser-Abtei Maulbronn S. 20 u. 58.

[2] D. h.: Zur Ehre der heiligen Jungfrau Maria und zum Besten einer würdigen Nachwelt. — Viele Aehnlichkeit hiemit hat eine Inschrift an der Kirche zu Schwaigern von 1514, s. Klunzinger, Zabergau IV, S. 70. Anm.

mit hohler, gewundener Spindel vom Gange ee aus, welcher die Inschrift hatte:

Anno Domini MCCCCCXVII sub venerabili Domino Domino Johanne Entenfus Abbate arte et ingenio fratris Augustini hoc opus erigitur.

An der später eingesetzten Thüre der Mauer, die sich vom Keller N zum Abthause hinzieht, steht 1497, was in die Zeit der ersten Amtsführung des Abtes Burrus fällt.

Der Raum P war das Abthaus. Es hat einen schönen Erker mit Sterngewölbe, dessen Schlußstein das Wappen des Abtes Entenfuß trägt und im untern Theile ist ein Gelaß, worin sechs steinerne mit Fischen verzierte Säulen aus germanischer Zeit sich befinden, deren Kapitäle romanischen Würfel=Kapitälen ähnlich sind, und welche die Deckenbalken umfassen und tragen. An einer dieser Säulen ist gleichfalls ein Entenfuß mit einem Abtsstabe. Demnach wurde dieses Gebäude unter Abt Entenfuß, der 1512 — 1518 regierte entweder neu gebaut oder wieder hergestellt und auch von ihm bewohnt. Daß es gleichfalls die Wohnung seiner Nachfolger gewesen sei, unterliegt keinem Zweifel, da es später die evangelischen Prälaten inne hatten [1]) und es jetzt der Sitz des Ephorus des evangelischen Seminar's ist. Die Abtswohnung, welche Abt Heinrich, der 1384 — 1402 den Stab führte, baute, scheint nicht an demselben Platz gestanden zu sein, wie folgende Urkunde zeigt. Henricus de Renningen aedificavit domum abbatialem et sacellum prope portam † 1407.

In dem jetzigen Gebäude war eine Herrenstube, worin z. B. auch die Akte der Huldigung vorgenommen wurden. [2]) Im Erdgeschoß ist noch der Gang ee zu bemerken, welcher in neuester Zeit wieder hergestellt wurde, und dessen westlicher Theil romanisch ist, woraus sich schließen läßt, daß hier ein Interimslokal für die Mönche stand, so lang sie die Kirche bauten. Abbildungen des genannten Erkers finden sich bei F. Eisenlohr Nr. 7. 8.

---

[1]) Auf dem Dache des Hauses steht 1577, was in die Zeit des evangelischen Prälaten Magirus fällt.

[2]) Es ist dieß wohl die von Crusius 2, 403 als unter Abt Entenfuß erbaut erwähnte Hibitatio Principis, vel Hypocaustum Dominorum. welches Moser 1, 585 mit Herrenstub übersetzt.

Im Herrenkirchhofe sieht man noch folgende Epitaphien:
1) Anno Domini MCCCLXXIIII pridie ..... Maii obiit
Dominus Bertoldus.[1] α)x) 2) Novenbir. α)x) Mit Kreuz, 3) Swig-
gerus deh Emertin. α) Mit Kreuz. 4) Außen an dem Pfeiler
des Chors, welcher an diesen Kirchhof stößt, ist gg die Inschrift. β)

Anno milleno ter C cum septuageno
Septimo, cum celebris crucis est innuentio cunctis,
Heu pater emoritur venerandus et hic sepelitur
Abbas antiquus, domus hujus fidus amicus,
De Rotwil genitus. Deus hinc devote precandus
Sedulo per fratres. Pauset cum pace Johannes.
Mit Abtsstab.[2]

Der Grund, warum nicht mehr Grabmäler hier sind, ist wahrscheinlich der, daß der Platz bald zum Garten des Abtes bestimmt
wurde.[3]

Ferner ist daselbst ein Thurm, welcher bald Lust= bald Faust=
thurm heißt, letzteres mit Beziehung auf den angeblichen Aufenthalt
des Doktors Faust daselbst, was aber durch die daran befindliche Jahreszahl 1604 widerlegt wird.

Außerdem ist dort [4] ein in neuester Zeit besser gefaßter Brun=
nen hh Scheerbrunnen genannt, und es beginnt ebendaselbst die
Haupptdohle für die Klostergebäude, die sich in der Richtung αα
nach dem äußersten Klosterhof zieht.

Zwischen dem Abthaus und der jetzigen Oberamtei, welche
Herzog Ludwig 1588 erbauen ließ,[5] und die wahrscheinlich zu einem

---

[1] Dieß ist Abt Bertold von Nördingen. Der Tag seines Todes ist hier nicht
mehr deutlich zu lesen, fällt aber nach seinem Nekrolog auf den eilften April.

[2] An demselben Pfeiler steht östlich: Hae aedes sacrae a Walthero de Lamersheim equite nobili P. mem. Anno 1148 exstructae, in fundamento ruinosae
factae, sub Abbate Augustino Hochstettero reparatae sunt Aō. 1741.

[3] Jetzt ist es der des Ephorus, früher des evangelischen Prälaten.

[4] Ein hölzernes Marienbild, das früher schon im Herrenkirchhofe stand, ist jetzt
in einer Nische desselben aufgestellt, auch wird dort eine eiserne Kugel aufbewahrt,
die von der Belagerung durch Herzog Ulrich herrühren soll.

[5] Wie die Inschrift lehrt: Mandato illustriss. Princip. D. Ludovici Ducis a
Wirtenberg Erecta e͞ haec dom. sub Abbate Jacobo Schroppfio Vahingensi
Anno MDLXXXVIII. Auch ist im Eckstein des hintern Hauses die Zahl 1588
eingehauen.

Jagdschloß bestimmt war, ist ebenfalls ein Brunnen. ii Der Brunnenstock von Stein hat einen thurmähnlichen Aufsatz von Blei, von welchem das Wasser zuerst in die obere Schale aus Glockengut fließt, aus der es sodann durch Köpfe in die untere Schale von Stein sich ergießt. An der obern Schale steht:

Lieber Heir und eweiger God, wir loben Dich und danken Dir umb alles das Gudes, das du uns armen Meinsen ¹) busth und noch dun solt. Amen.

Zwischen den einzelnen Worten sind abwechselnd Abtsstäbe, Löwen und viereckige Schilde mit Wecken, in Relief gegossen und früher bemalt, woraus erhellt, daß er zur Zeit der pfälzischen Schirmvogtei (um 1358—1504) gefertigt wurde.

Das Krankenhaus (Pfründhaus) ließ Abt Johann von Geil hausen, welcher 1430—1439 im Amte war, errichten; 1504 litt es durch die Belagerung sehr Noth.

Das Haus des Verwalters wurde unter Abt Heinrich von Renningen, welcher, wie schon bemerkt, 1384—1402 die Zügel führte und das Gesindehaus nach einer Inschrift zwischen den Fenstern desselben durch Hans Romer von Schmie unter Abt Reuter 1550 gebaut.

Am Thore stand eine Kapelle zur heil. Dreieinigkeit (Frühmeßkapelle). Sie war schon 1328 im Gebrauche. Eine spätere Inschrift o) daran lautete also:

Anno Domini 1480 sub Domino Johanne Riescher de Laudenburg. Sie wurde also 1480 unter diesem Abte renovirt.

Unmittelbar vor dem Thore war eine Aufzugbrücke. Ueber dieser befand sich ein Gemälde, darstellend Christus am Kreuze mit Maria und Johannes, darunter war rechts der heil. Bernhard und links der heil. Benedikt, und oben stand die Jahreszahl 1519. Es wurde also dieses Bild unter Abt Entenfuß gefertigt.

Weiter außen war noch ein kleines Thor, woran die Jahreszahl Anno Domini MCCCCLXXII stand, woraus erhellt, daß es unter Abt Nikolaus von Brettheim oder Albrecht IV. gebaut wurde.

Die Ringmauer wurde unter Abt Johann von Rotweil, welcher 1361—1376 sein Amt bekleidete, gebaut.

An dem nordwestlichen Eckthurm derselben steht:

¹) D. h. Menschen.

4*

Anno Domini MCCCCXLI opus hoc cum domo contigua patratum est sub Domino Johanne de Wormatia, hujus Monasterii Abbate. Es wurde also derselbe nebst der anstoßenden Mühle unter Abt Johann von Worms 1441 [1]) gebaut.

Außerhalb der Ringmauer waren verschiedene Gebäude, worunter eine Gastherberge, welche bei der Belagerung 1504 durch die Pfälzer selbst verbrannt wurden.

An der Schleuße bei dem See oberhalb des Klosters ist auf einem Steine die Inschrift: β)
Sub Domino Johanne Burrus de Brethem Abbate. Anno Domini MDI. Es ließ also Abt Johann Burrus dieselbe 1501 aufführen.

Gegen den Anfang dieses Jahrhunderts ist ein viereckiger unbedeckter Thurm, Eselsthurm genannt, in Abgang gekommen, welcher südöstlich stand [2]) und seinen Namen von einer über seinem Eingang in halberhabener Arbeit befindlichen Abbildung eines Maulesels, ähnlich der an der Winterkirche, hatte.

Das ursprüngliche und eigentliche Klosterwappen ist also gebildet: Ein Zwerchbalken mit rothen und silbernen Ranten durchschneidet den quartierten Schild nach links. Im ersten Quartier ist ein Brunnen auf Gold, im zweiten und dritten ein schwarzes Feld, das vierte Quartier enthält im ersten und vierten Viertel einen silbernen Fisch auf Gold, im zweiten und dritten eine goldene Krone mit goldenem Kreuze auf blauem Felde. [3])

Steinmetzeichen endlich kommen in großer Zahl vor an allen Theilen des Klosters von der frühesten Zeit (1150) bis in die späteste Zeit der Gothik; sie geben oft ein Mittel in die Hand, nach ihnen auf die Zeit der Erbauung der einzelnen Theile, an denen sie angebracht sind, schließen zu können. Sie bestehen theils aus geraden, theils aus krummen Linien. Letztere finden sich besonders häufig in der Vorhalle und im Gange E, und es sind unter ihnen auch neugothische Majuskeln, namentlich sieht man die ebenfalls an der Burg Steinsberg,

---

[1]) Steinhofer Ehron. II, 617 hat unrichtig 1412.
[2]) Nach der Zeichnung des Klosters, welche sich im schwäbischen Taschenbuch auf das Jahr 1820 findet.
[3]) Chorographie von Württemberg, zweiter Theil 1591, von David Wolleber. Mst. auf der königl. öffentl. Bibliothek in Stuttgart.

f. Wilhelmi, zwölfter Jahresbericht, lithogr. Beilage Nr. 53, und an den Thürmen zu Besigheim, f. Württ. Jahrbücher 1838, lithogr. Beilage Nr. 13, angebrachte Majuskel A öfters. An den Consolen im südlichen Theile des Kreuzganges und einem Theile des östlichen, sowie in der Nische des Nebenthals sind von einander abgekehrte Halbmonde eingehauen. Außerdem zeigen sich an den verschiedenen Bauten der Abtei ähnliche Steinmetzzeichen wie an der Burg Steinsberg, f. Wilhelmi a. a. O. 1. 5. 11. 12. 17. 25. 26. 37. 53. und an den Thürmen zu Besigheim 1. 4. 5. 7., f. Württemb. Jahrbücher a. a. O. und an der Burg Magenheim, f. Klunzinger, erster Jahresbericht über den Alterthums=Verein im Zabergau, 1841—1845, 1. 2. 5. 8. 9. 10. 12. 14. 17.

Das ist es, was ich meinen werthen Begleitern zeigen konnte! Freilich nur ein unvollständiges Bild der früheren Größe, da der Zahn der Zeit auch hier seine verzehrende Gewalt geübt hat, aber auch dieses noch reich an Kunstanschauungen. Wohl ist der Kunstfreund der kgl. Finanzverwaltung vielen Dank schuldig, daß sie wenigstens zu den dringendsten Restaurationen, wie des Kreuzganges, des Oratoriums, des Refektoriums die Mittel geboten und diese Gelasse auch vor ferne= ren Unbilden zu schützen suchte; noch bedarf aber das Nebenthal der vollständigen Wiederherstellung in seine ursprüngliche Pracht und des Schutzes vor Wind und Wetter durch passende Verglasung der Fenster; noch harren andere nicht minder interessante Räume des Klosters, namentlich die Geißelkammer und die großartige Halle H ihrer Befrei= ung von unwürdiger Benützung und Finsterniß zu Luft und Licht!

Inhalts-Anzeige.

I. Allgemeines.

	Seite
Anlage der Abtei	7
Riß der Abtei	7 ff.
Baumaterial der Abtei	8
Zeitfolge der Bauten	8 ff.
Steinmetzzeichen	9
Namen der Baumeister	9
Skulpturen	9 ff.
Malereien	10 ff.
Karrikaturen des Mönchswesens	11
Namen der Glockengießer	12
Mystische Kreise	12
Inschriften	12 ff.
Wappen	13 ff.

II. Einzelnes.

Paradies A.	14 ff.
Epitaphien	15 ff.
Kirche B.	16 ff.
Westliche Front	16 ff.
Karrikatur	16 ff.
Ursprüngliche Form der Kirche	17
Flächeninhalt der Kirche	17
Chor	17
Dachreiter	17
Schiffe	18
Wendeltreppe	18

	Seite
Sakristei	18
Innere Einrichtung und Ausschmückung der Kirche	19 ff.
Lettner	19
Herren = und Bruderchor	19 ff.
Hochaltar	19
Epitaphien der Bischöfe Günther und Ulrich	20
Wandgemälde	20 ff.
Renovationstafel	21
Gemalte Wappen	22 ff.
Chorstühle	25 u. 27 ff.
Abgegangene Bilder	25 ff.
Bild der Sage von der Ueberlistung der Räuber beim Bau der Abtei	26 ff.
Crucifix	27
Bilder von Baumeistern und Donatoren	28
Epitaphium des Stifters des Klosters, Waltbers von Lomersheim	28
Vermeintliche Kontrovers = Kanzeln	28
Bilder in den Kapellen n. o. p.	28 ff.
Glocken	29 ff.
Kanzel	30 Anm. 1.
Orgel	30 Anm. 1.
Epitaphien aus evangelischer Zeit	30 ff. Anm. 1.
Kreuzgang C.	31 ff.
Baumeister	31 ff.
Karrikatur	32
Neuneckcapelle v.	32
Epitaphien	33 ff.
Kapitelsaal D.	37 ff.
Epitaphien	38 ff.
Kapelle y.	40
Mystische Kreise und Steinmetzzeichen	40
Gang E.	40
Aelteste Inschrift des Klosters	40
Keller F.	40
Durchgang G.	40
Halle H.	40 ff.
Küche des Klosters I.	41
Rebenthal K.	41 ff.
Drei gewölbte Räume L.	42
Geißelkammer M.	42
Keller N.	43
Winterspeisesaal	43
Klosterwappen, späteres	43 Anm. 1.

		Seite.
Dormeut	. . . .	44
Bibliotbeffaal	. . . .	43 ff.
Fundationstafel	. . . .	44 ff.
Gelasse mit Faustsage	. . . .	41, 47 u. 50
Gebäude O.	. . . .	48
Parleatorium	. . . .	48
Oratorium	. . . .	48
Zwei Wendeltreppen	. . . .	48 ff.
Abthaus P.	. . . .	49
Herrenkirchhof	. . . .	50
Scheerbrunnen	. . . .	50
Oberamtei	. . . .	50
Brunnen dabei	. . . .	50 ff.
Krankenhaus	. . . .	51
Haus des Verwalters	. . . .	51
Gesindehaus	. . . .	51
Kapelle am Thore	. . . .	51
Aufzugbrücke	. . . .	51
Aeußeres kleines Thor	. . . .	51
Ringmauer	. . . .	51
Nordwestlicher Eckthurm	. . . .	51 ff.
Mühle	. . . .	52
Gebäude außerhalb der Ringmauer	. . . .	52
Schleuße bei dem obern See	. . . .	52
Eselsthurm	. . . .	52
Klosterwappen, früheres	. . . .	52
Steinmetzzeichen	. . . .	52 ff.